# ウォーミングアップ

下記の［決算整理事項］の仕訳を示しなさい。なお，［元帳勘定残高（一部）］は次のとおりである。

［元帳勘定残高（一部）］

| | | | | | |
|---|---|---|---|---|---|
| 受取手形 | ¥　250,000 | 売掛金 | ¥　300,000 | 貸倒引当金 | ¥　2,300 |
| 売買目的有価証券 | 500,000 | 繰越商品 | 490,000 | 備品 | 800,000 |
| 備品減価償却累計額 | 288,000 | 車両運搬具 | 480,000 | 車両運搬具減価償却累計額 | 20,400 |
| 子会社株式 | 1,200,000 | 満期保有目的債券 | 195,000 | 退職給付引当金 | 130,000 |

［決算整理事項］

1．売上債権の期末残高に対し１％の貸倒れを見積もる。貸倒引当金は差額補充法により設定する。

2．商品の期末棚卸高は次のとおりである。なお，棚卸減耗損と商品評価損は売上原価の内訳項目とする。

　帳簿棚卸高：数量500個，帳簿価額@¥1,000

　実地棚卸高：数量480個，正味売却価額@¥　995

3．有形固定資産の減価償却は次の要領で行う。

　備　　品：定率法（償却率20%）

　車両運搬具：生産高比例法（総利用可能距離200,000km，当期の利用距離4,000km，残存価額ゼロ）

4．保有する有価証券は次のとおりである。

| 銘柄 | 保有目的 | 帳簿価額 | 当期末時価 | 備考 |
|---|---|---|---|---|
| A社株式 | 売買目的 | ¥　500,000 | ¥　480,000 | 切放方式を採用。 |
| B社株式 | 支配目的 | ¥　1,200,000 | ¥　1,400,000 | B社株式の80%を保有。 |
| C社社債 | 満期保有目的 | ¥　195,000 | ¥　196,300 | 額面金額¥200,000，償還期間５年，利率年１%，利払日３月末。当期首に発行と同時に取得。償却原価法（定額法）により評価。 |

5．退職給付引当金の当期繰入額は¥60,000である。

| | 借方科目 | 金額 | 貸方科目 | 金額 |
|---|---|---|---|---|
| 1 | | | | |
| 2 | | | | |
| 3 | | | | |
| 4 | | | | |
| 5 | | | | |

# 基本問題　1

／20

次の［資料Ⅰ］および［資料Ⅱ］にもとづいて，精算表を完成しなさい。ただし，会計期間は１年，決算日は×2年３月31日である。

［資料Ⅰ］未処理事項

1．現金の実際有高と帳簿残高を照合したところ，実際有高が￥5,000過剰であったため，その原因を調査した結果，配当金領収証￥4,000が未処理であることが判明した。なお，残額については原因不明である。

2．仮払金は，当期中に退職した従業員に対する支払額￥120,000であり，対応する退職給付引当金の取崩し処理が行われていないことが判明した。

3．当期の販売から生じた売掛金のうち￥30,000が回収不能であることが判明した。

［資料Ⅱ］決算整理事項

1．期末商品の棚卸高は次のとおりである。

| | 帳簿棚卸数量 | 実地棚卸数量 | 原　　価 | 正味売却価額 |
|---|---|---|---|---|
| 商品A | 600個 | 590個 | @￥　500 | @￥　450 |
| 商品B | 420個 | 400個 | @￥1,200 | @￥1,530 |

売上原価は「仕入」の行で計算する。また，棚卸減耗損と商品評価損は，精算表上，独立の科目として示すこと。

2．売掛金のうち￥220,000はドル建（2,000ドル，取引発生時の為替相場１ドルあたり￥110）によるものであった。なお，決算時の為替相場は１ドルあたり￥115である。

3．受取手形および売掛金の期末残高の合計に対して１％の貸倒れを見積もる。なお，貸倒引当金の設定は差額補充法によること。

4．売買目的で保有する株式の時価は￥312,000である。

5．有形固定資産の減価償却

建物：耐用年数は30年，残存価額はゼロとして定額法による。

備品：償却率20％として，定率法による。

6．満期保有目的債券は，A社社債（額面総額￥500,000，利率年２％，利払日３月末および９月末の年２回，償還日×6年３月31日）を当期首に取得したものである。額面総額と取得価額との差額は金利の調整の性格を有していると判断されるため，償却原価法（定額法）により評価する。

7．期末時点に計上すべき退職給付引当金の残高は￥463,500であった。

8．保険料のうち￥12,000は，当期12月１日に支払った１年分の火災保険料であり，前払高を次期に繰り延べる。


Hint!

## 精　算　表

（単位：円）

| 勘定科目 | 残高試算表 | | 修正記入 | | 損益計算書 | | 貸借対照表 | |
|---|---|---|---|---|---|---|---|---|
| | 借方 | 貸方 | 借方 | 貸方 | 借方 | 貸方 | 借方 | 貸方 |
| 現金 | 87,000 | | | | | | | |
| 当座預金 | 518,400 | | | | | | | |
| 受取手形 | 330,000 | | | | | | | |
| 売掛金 | 600,000 | | | | | | | |
| 売買目的有価証券 | 300,000 | | | | | | | |
| 繰越商品 | 922,000 | | | | | | | |
| | | | | | | | | |
| | | | | | | | | |
| 仮払金 | 120,000 | | | | | | | |
| 建物 | 2,250,000 | | | | | | | |
| 備品 | 1,500,000 | | | | | | | |
| 満期保有目的債券 | 490,000 | | | | | | | |
| 電子記録債務 | | 105,000 | | | | | | |
| 買掛金 | | 294,500 | | | | | | |
| 退職給付引当金 | | 499,000 | | | | | | |
| 貸倒引当金 | | 7,500 | | | | | | |
| 建物減価償却累計額 | | 1,200,000 | | | | | | |
| 備品減価償却累計額 | | 540,000 | | | | | | |
| 資本金 | | 3,000,000 | | | | | | |
| 繰越利益剰余金 | | 409,800 | | | | | | |
| 売上 | | 8,730,000 | | | | | | |
| 有価証券利息 | | 10,000 | | | | | | |
| 仕入 | 6,230,000 | | | | | | | |
| 給料 | 1,200,000 | | | | | | | |
| 水道光熱費 | 228,400 | | | | | | | |
| 保険料 | 20,000 | | | | | | | |
| | 14,795,800 | 14,795,800 | | | | | | |
| 受取配当金 | | | | | | | | |
| 雑益 | | | | | | | | |
| 貸倒損失 | | | | | | | | |
| 棚卸減耗損 | | | | | | | | |
| 商品評価損 | | | | | | | | |
| (　　　　) | | | | | | | | |
| 貸倒引当金(　　　) | | | | | | | | |
| 減価償却費 | | | | | | | | |
| 有価証券評価(　　) | | | | | | | | |
| 退職給付費用 | | | | | | | | |
| (　　　　)保険料 | | | | | | | | |
| 当期純(　　　) | | | | | | | | |
| | | | | | | | | |

# 基本問題　2

/ 20

次の［資料Ⅰ］および［資料Ⅱ］にもとづいて，精算表を完成しなさい。なお，会計期間は×7年４月１日から×8年３月31日までの１年間である。

［資料Ⅰ］未処理事項

1．現金の実際有高は¥76,300であった。帳簿残高との不一致の原因は不明であるので，適切に処理する。

2．売掛金のうち¥20,000は得意先が倒産したため回収不能であった。この売掛金は前期の売上取引から生じたものであり，貸倒れとして処理する。

3．建設仮勘定は建物の建築工事（工事代金総額¥1,620,000）にかかわるものであるが，工事はすでに完了し，当期の３月１日に引渡しを受けていた。なお，工事代金の残金¥420,000については，建物の引き渡しのさいに小切手を振り出して支払っていたが，この取引も未記帳となっている。

［資料Ⅱ］決算整理事項

1．商品の期末帳簿棚卸高は¥108,000（数量450個　原価@¥240）である。なお，実地棚卸数量は430個で，このうち400個の正味売却価額は@¥360であり，残りの30個は品質が低下しており正味売却価額は@¥100である。売上原価の計算は仕入の行で行うが，棚卸減耗損および商品評価損は独立の科目として処理する。

2．電子記録債権と売掛金の期末残高に対して２％の貸倒れを見積もる。貸倒引当金は差額補充法により設定する。

3．売買目的有価証券の内訳は次のとおりである。

| | 帳簿価額 | 時　価 |
|---|---|---|
| A社株式 | ¥46,800 | ¥40,500 |
| B社社債 | ¥25,500 | ¥29,800 |

4．有形固定資産の減価償却は次の要領で行う。

建物：定額法（耐用年数30年，残存価額は取得原価の10%）

備品：定率法（償却率は年20%）

なお，当期に取得した建物については，耐用年数は15年，残存価額はゼロとして，定額法により月割で減価償却を行う。

5．ソフトウェアは×4年10月１日に取得したものであり，取得後５年間にわたり定額法で月割償却している。

6．満期保有目的債券（額面金額¥800,000，利率年1.2%，利払日は３月末の年１回，償還日×11年３月31日）は×6年４月１日に額面¥100につき¥96.80で取得したもので，償却原価法（定額法）により評価している。

7．従業員に対する退職給付を見積もった結果，当期の負担に属する金額は¥160,000と計算されたので，引当金として計上する。

8．保険料は毎年同額を８月１日に向こう１年分（12か月分）を支払っており，前払分の再振替仕訳は期首に行われている。


Hint!

# 精　算　表

(単位：円)

| 勘定科目 | 残高試算表 | | 修正記入 | | 損益計算書 | | 貸借対照表 | |
|---|---|---|---|---|---|---|---|---|
| | 借方 | 貸方 | 借方 | 貸方 | 借方 | 貸方 | 借方 | 貸方 |
| 現金 | 67,480 | | | | | | | |
| 当座預金 | 542,400 | | | | | | | |
| 電子記録債権 | 370,000 | | | | | | | |
| 売掛金 | 490,000 | | | | | | | |
| 売買目的有価証券 | 72,300 | | | | | | | |
| 繰越商品 | 70,800 | | | | | | | |
| | | | | | | | | |
| 建物 | 6,900,000 | | | | | | | |
| 備品 | 850,000 | | | | | | | |
| 建設仮勘定 | 1,200,000 | | | | | | | |
| ソフトウェア | 240,000 | | | | | | | |
| 満期保有目的債券 | 779,520 | | | | | | | |
| 電子記録債務 | | 298,000 | | | | | | |
| 買掛金 | | 410,000 | | | | | | |
| 退職給付引当金 | | 702,000 | | | | | | |
| 貸倒引当金 | | 28,000 | | | | | | |
| 建物減価償却累計額 | | 1,449,000 | | | | | | |
| 備品減価償却累計額 | | 306,000 | | | | | | |
| 資本金 | | 7,000,000 | | | | | | |
| 利益準備金 | | 450,000 | | | | | | |
| 繰越利益剰余金 | | 423,900 | | | | | | |
| 売上 | | 6,890,000 | | | | | | |
| 有価証券利息 | | 9,600 | | | | | | |
| 仕入 | 5,540,000 | | | | | | | |
| 給料 | 396,000 | | | | | | | |
| 保険料 | 448,000 | | | | | | | |
| | 17,966,500 | 17,966,500 | | | | | | |
| (　　　)益 | | | | | | | | |
| 棚卸減耗損 | | | | | | | | |
| (　　)評価損 | | | | | | | | |
| 貸倒引当金(　　) | | | | | | | | |
| 有価証券評価(　　) | | | | | | | | |
| 減価償却費 | | | | | | | | |
| (　　　)償却 | | | | | | | | |
| 退職給付費用 | | | | | | | | |
| (　　)保険料 | | | | | | | | |
| 当期純(　　) | | | | | | | | |
| | | | | | | | | |

# 基本問題　3

/ 20

次の［資料Ⅰ］，［資料Ⅱ］および［資料Ⅲ］にもとづいて，損益計算書を完成しなさい。なお，会計期間は×4年４月１日から×5年３月31日までの１年間である。

［資料Ⅰ］

決算整理前残高試算表

×5年３月31日　　（単位：円）

| 借　方 | 勘定科目 | 貸　方 |
|---:|---|---:|
| 312,740 | 現金 | |
| 1,502,000 | 当座預金 | |
| 690,000 | 受取手形 | |
| 795,000 | 売掛金 | |
| | 貸倒引当金 | 5,200 |
| 200,000 | 売買目的有価証券 | |
| 359,000 | 繰越商品 | |
| 85,000 | 仮払法人税等 | |
| 1,000,000 | 未決算 | |
| 1,200,000 | 建物 | |
| | 建物減価償却累計額 | 90,000 |
| 480,000 | 備品 | |
| | 備品減価償却累計額 | 172,800 |
| 240,000 | ソフトウェア | |
| 500,000 | 長期貸付金 | |
| 1,180,800 | 満期保有目的債券 | |
| | 支払手形 | 630,000 |
| | 買掛金 | 740,000 |
| | 退職給付引当金 | 780,000 |
| | 資本金 | 4,500,000 |
| | 利益準備金 | 150,000 |
| | 繰越利益剰余金 | 85,000 |
| | 売上 | 6,597,000 |
| | 有価証券利息 | 14,400 |
| | 受取利息・配当金 | 5,340 |
| | 固定資産売却益 | 129,000 |
| 4,150,000 | 仕入 | |
| 667,200 | 給料 | |
| 56,000 | 保険料 | |
| 480,000 | 支払地代 | |
| 1,000 | 手形売却損 | |
| 13,898,740 | | 13,898,740 |

［資料Ⅱ］未処理事項

1．売買を目的として保有する関東商事株式会社の株式50株（１株の帳簿価額￥4,000）を１株につき￥3,800で売却し，売却代金は当座預金としていたが，この取引は未記帳である。

2．当期の商品販売取引から生じた売掛金￥25,000が回収不能であると判明したので，貸倒れとして処理する。

3．未決算￥1,000,000は火災保険金の請求にかかわるものであるが，保険会社より火災保険金￥800,000の支払いが決定した旨の通知があったので，適切な処理を行う。

［資料Ⅲ］決算整理事項

1．売上債権の期末残高に対して１％の貸倒れを見積もる。貸倒引当金は差額補充法によって設定する。

2．商品の期末帳簿棚卸高は次のとおりである。棚卸減耗損は売上原価の内訳項目として処理する。

　帳簿棚卸高：数量400個，帳簿価額＠￥　900
　実地棚卸高：数量396個，正味売却価額＠￥1,400

3．有形固定資産の減価償却を次の要領で行う。

　建物：耐用年数40年，残存価額はゼロとして，定額法を用いる。
　備品：償却率20％として，定率法を用いる。

4．ソフトウェアは，×1年４月１日に取得したものであり，取得後５年間にわたって定額法で償却している。

5．満期保有目的債券は，×3年４月１日に他社が発行した社債（額面総額￥1,200,000，利率年1.2％，償還日は×8年３月31日）を額面＠￥100につき＠￥98の価額で取得したものである。満期保有目的債券の評価は，償却原価法（定額法）により行っている。

6．退職給付引当金の当期繰入額は￥260,000である。

7．長期貸付金は，当期の７月１日に貸付期間５年，利率年1.2％，利払いは年１回（６月末）の条件で貸し付けたものである。決算にあたって，利息の未収分を月割計算で計上する。

8．保険料には，当期の12月１日に支払った１年分の火災保険料￥14,400が含まれている。

9．法人税，住民税及び事業税について決算整理を行い，中間納付額控除後の金額￥122,600を未払法人税等として計上する。なお，仮払法人税等￥85,000は中間納付にかかわるものである。

# 損　益　計　算　書

自×4年4月1日　至×5年3月31日　　　　（単位：円）

| | | |
|---|---|---|
| Ⅰ 売上高 | | 6,597,000 |
| Ⅱ 売上原価 | | |
| 1 期首商品棚卸高 | （　　　） | |
| 2 当期商品仕入高 | （　　　） | |
| 合計 | （　　　） | |
| 3 期末商品棚卸高 | （　　　） | |
| 差引 | （　　　） | |
| 4（　　　） | （　　　） | （　　　） |
| （　　　） | | （　　　） |
| Ⅲ 販売費及び一般管理費 | | |
| 1 給料 | 667,200 | |
| 2 貸倒引当金繰入 | （　　　） | |
| 3 貸倒損失 | （　　　） | |
| 4 減価償却費 | （　　　） | |
| 5 退職給付費用 | （　　　） | |
| 6 保険料 | （　　　） | |
| 7 支払地代 | 480,000 | |
| 8（　　　） | （　　　） | （　　　） |
| （　　　） | | （　　　） |
| Ⅳ 営業外収益 | | |
| 1 受取利息・配当金 | （　　　） | |
| 2 有価証券利息 | （　　　） | （　　　） |
| Ⅴ 営業外費用 | | |
| 1 手形売却損 | 1,000 | |
| 2（　　　） | （　　　） | （　　　） |
| （　　　） | | （　　　） |
| Ⅵ 特別利益 | | |
| 1 固定資産売却益 | （　　　） | （　　　） |
| Ⅶ 特別損失 | | |
| 1（　　　） | （　　　） | （　　　） |
| 税引前当期純利益 | | （　　　） |
| 法人税，住民税及び事業税 | | （　　　） |
| （　　　） | | （　　　） |

# 基本問題　4

／20

次の［資料Ⅰ］，［資料Ⅱ］および［資料Ⅲ］にもとづいて，損益計算書を完成しなさい。なお，会計期間は×3年４月１日から×4年３月31日までの１年間である。また，商品売買取引の記帳は「販売のつど売上原価勘定に振り替える方法」を用いている。

［資料Ⅰ］

決算整理前残高試算表

×4年３月31日　　　（単位：円）

| 借　方 | 勘定科目 | 貸　方 |
|---|---|---|
| 1,475,500 | 現金預金 | |
| 540,000 | 受取手形 | |
| 800,000 | 売掛金 | |
| | 貸倒引当金 | 9,000 |
| 360,000 | 商品 | |
| 72,000 | 仮払法人税等 | |
| 700,000 | 未収入金 | |
| 4,500,000 | 建物 | |
| | 建物減価償却累計額 | 300,000 |
| 1,280,000 | 備品 | |
| | 備品減価償却累計額 | 560,000 |
| 1,200,000 | リース資産 | |
| 720,000 | 特許権 | |
| 590,400 | 満期保有目的債券 | |
| 84,000 | 繰延税金資産 | |
| | 支払手形 | 435,000 |
| | 買掛金 | 720,000 |
| | リース債務 | 1,200,000 |
| | 長期借入金 | 1,500,000 |
| | 退職給付引当金 | 300,000 |
| | 資本金 | 5,000,000 |
| | 利益準備金 | 345,000 |
| | 繰越利益剰余金 | 576,000 |
| | 売上 | 10,873,000 |
| | 有価証券利息 | 9,000 |
| 7,820,000 | 売上原価 | |
| 1,080,000 | 給料 | |
| 25,000 | 貸倒損失 | |
| 380,100 | 営業費 | |
| 200,000 | 火災損失 | |
| 21,827,000 | | 21,827,000 |

［資料Ⅱ］未処理事項

1．約束手形￥120,000を取引銀行で割り引き，割引料￥8,000を差し引いた手取額は当座預金としていたが，この取引は未記帳である。

2．当期首に，タブレットＰＣのリース契約（ファイナンス・リース取引に該当，年間リース料￥240,000，リース期間５年，見積現金購入価額￥1,080,000，利子込み法で処理）を締結し，期末に１年分のリース料を現金で支払っていたが，未記帳であった。

［資料Ⅲ］決算整理事項

1．売上債権の期末残高に対して２％の貸倒れを見積もる。貸倒引当金は差額補充法によって設定する。

2．商品の期末帳簿棚卸高は次のとおりである。棚卸減耗損と商品評価損は売上原価の内訳項目として処理する。

　帳簿棚卸高：数量450個，帳簿価額＠￥800
　実地棚卸高：数量440個，正味売却価額＠￥790

3．有形固定資産の減価償却を次の要領で行う。

　建物：耐用年数30年，残存価額はゼロとして，定額法を用いる。
　備品：耐用年数８年，200％定率法を用いる。
　リース資産：耐用年数をリース期間，残存価額はゼロとして，定額法を用いる。

4．特許権は，×1年４月１日に取得したものであり，取得後８年間にわたって定額法で償却している。

5．満期保有目的債券は，×2年４月１日に他社が発行した社債（額面総額￥600,000，利率年1.5％，償還日は×7年３月31日）を額面＠￥100につき＠￥98の価額で取得したものである。満期保有目的債券の評価は，償却原価法（定額法）により行っている。

6．退職給付引当金の当期繰入額は￥60,000である。

7．長期借入金は，当期の７月１日に借入期間５年，利率年1.2％，利払いは年１回（６月末）の条件で借り入れたものである。決算にあたって，借入利息の未払分を月割計算で計上する。

8．法人税，住民税及び事業税￥183,000を計上する。

9．当期において，税効果会計上の将来減算一時差異が￥30,000増加したため，繰延税金資産を追加計上する。なお，法人税等の法定実効税率は30％である。

## 損　益　計　算　書

自×4年4月1日　至×5年3月31日　　　　(単位：円)

| | | |
|---|---|---|
| Ⅰ 売上高 | | 10,873,000 |
| Ⅱ 売上原価 | | |
| 1 期首商品棚卸高 | 420,000 | |
| 2 当期商品仕入高 | (　　) | |
| 合計 | (　　) | |
| 3 期末商品棚卸高 | 360,000 | |
| 差引 | (　　) | |
| 4 棚卸減耗損 | (　　) | |
| 5 (　　) | (　　) | (　　) |
| (　　) | | (　　) |
| Ⅲ 販売費及び一般管理費 | | |
| 1 給料 | 1,080,000 | |
| 2 貸倒引当金繰入 | (　　) | |
| 3 貸倒損失 | 25,000 | |
| 4 減価償却費 | (　　) | |
| 5 退職給付費用 | (　　) | |
| 6 (　　) | (　　) | |
| 7 営業費 | 380,100 | (　　) |
| (　　) | | (　　) |
| Ⅳ 営業外収益 | | |
| 1 有価証券利息 | (　　) | (　　) |
| Ⅴ 営業外費用 | | |
| 1 支払利息 | (　　) | |
| 2 (　　) | (　　) | (　　) |
| (　　) | | (　　) |
| Ⅵ 特別損失 | | |
| 1 火災損失 | 200,000 | 200,000 |
| 税引前当期純利益 | | (　　) |
| 法人税，住民税及び事業税 | (　　) | |
| (　　) | (　　) | (　　) |
| (　　) | | (　　) |

# 基本問題　5

/ 20

次の［資料Ⅰ］，［資料Ⅱ］および［資料Ⅲ］にもとづいて，貸借対照表を完成しなさい。なお，会計期間は×1年4月1日から×2年3月31日までの1年間である。

**［資料Ⅰ］**

決算整理前残高試算表

×2年3月31日　　　（単位：円）

| 借　方 | 勘定科目 | 貸　方 |
|---|---|---|
| 814,300 | 現金 | |
| 3,271,000 | 当座預金 | |
| 1,100,000 | 受取手形 | |
| 2,050,000 | 売掛金 | |
| | 貸倒引当金 | 35,000 |
| 1,797,000 | 繰越商品 | |
| 335,000 | 仮払法人税等 | |
| 6,000,000 | 建物 | |
| | 建物減価償却累計額 | 4,000,000 |
| 3,000,000 | 備品 | |
| | 備品減価償却累計額 | 1,080,000 |
| 1,200,000 | 建設仮勘定 | |
| 2,955,000 | 満期保有目的債券 | |
| | 支払手形 | 950,000 |
| | 買掛金 | 1,900,000 |
| | 長期借入金 | 2,400,000 |
| | 退職給付引当金 | 1,300,000 |
| | 資本金 | 7,000,000 |
| | 利益準備金 | 300,000 |
| | 繰越利益剰余金 | 500,000 |
| | 売上 | 44,000,000 |
| | 有価証券利息 | 27,000 |
| 38,500,000 | 仕入 | |
| 2,340,000 | 給料 | |
| 129,700 | 広告宣伝費 | |
| 63,492,000 | | 63,492,000 |

**［資料Ⅱ］**未処理事項

1．当座預金口座の残高を銀行に問い合わせたところ¥3,394,000であった。当座預金勘定の残高との差異の原因を調査したところ，次の事実が判明した。

(1)　広告宣伝費¥163,000の支払いのために小切手を作成して記帳していたが，広告会社に未渡しであった。

(2)　売掛金¥60,000の当座預金口座への振り込みがあったが，その通知が当社に未達であった。

(3)　銀行の時間外預け入れが¥100,000あった。

2．建設仮勘定は建物の建設工事(工事代金総額¥1,800,000)にかかわるものであるが，工事はすでに完了し，当期の3月1日に引き渡しを受けていた。なお，工事代金の残額¥600,000については，建物の引き渡しのさいに現金で支払ったが，この取引も未記帳であった。

**［資料Ⅲ］**決算整理事項

1．期末商品棚卸高は¥1,900,000である。ただし，商品Aには棚卸減耗損¥48,000，商品Bには商品評価損¥60,000が生じている。

2．売掛金および買掛金に外貨建てのものが含まれている。決算日における為替相場は1ドルにつき¥102である。

売掛金：5,000ドル
　取引時の為替相場　1ドルにつき¥108

買掛金：3,000ドル
　取引時の為替相場　1ドルにつき¥110

3．受取手形と売掛金の期末残高に対して2％の貸倒れを見積もる。貸倒引当金は差額補充法によって設定する。

4．有形固定資産の減価償却を次の要領で行う。

建物：耐用年数は30年，残存価額はゼロとして，定額法を用いて計算する。

備品：耐用年数は10年，残存価額はゼロとして，200％定率法を用いて計算する。

なお，当期に新たに取得した建物についても，耐用年数30年，残存価額はゼロとして，定額法を用いて月割で計算する。

5．満期保有目的債券は，当期首に他社が発行した社債（額面総額¥3,000,000，利率年0.9％，利払いは9月末と3月末の年2回，償還期間は5年）を発行と同時に取得したものである。額面総額と取得価額との差額は金利の調整と認められるため，償却原価法（定額法）により評価する。

6．退職給付引当金の当期繰入額は¥462,500である。

7．長期借入金は，当期の12月1日に借入期間4年，利率年1.2％，利払いは年1回（11月末）の条件で借り入れたものである。決算にあたって，借入利息の未払分を月割で計上する。

8．法人税，住民税及び事業税について決算整理を行い，当期の納税額¥623,000を計上する。なお，仮払法人税等¥335,000は中間納付にかかわるものである。

# 貸 借 対 照 表

×2年３月31日　　　　　　　　　　　　　　　　　　(単位：円)

| 資　産　の　部 | | | 負　債　の　部 | |
|---|---|---|---|---|
| Ⅰ 流 動 資 産 | | | Ⅰ 流 動 負 債 | |
| 現 金 預 金 | | (　　　) | 支 払 手 形 | 950,000 |
| 受 取 手 形 | (　　　) | | 買 掛 金 | (　　　) |
| 貸 倒 引 当 金 | (　　　) | (　　　) | (　　　) | (　　　) |
| 売 掛 金 | (　　　) | | 未払法人税等 | (　　　) |
| 貸 倒 引 当 金 | (　　　) | (　　　) | 未 払 費 用 | (　　　) |
| 商 品 | | (　　　) | Ⅱ 固 定 負 債 | |
| Ⅱ 固 定 資 産 | | | 長 期 借 入 金 | 2,400,000 |
| 建 物 | (　　　) | | 退職給付引当金 | (　　　) |
| 減価償却累計額 | (　　　) | (　　　) | 負 債 合 計 | (　　　) |
| 備 品 | (　　　) | | 純　資　産　の　部 | |
| 減価償却累計額 | (　　　) | (　　　) | 資 本 金 | 7,000,000 |
| 満期保有目的債券 | | (　　　) | 利 益 準 備 金 | 300,000 |
| | | | 繰越利益剰余金 | (　　　) |
| | | | 純 資 産 合 計 | (　　　) |
| 資 産 合 計 | | (　　　) | 負債・純資産合計 | (　　　) |

# 基本問題　6

／20

次の［資料Ⅰ］，［資料Ⅱ］および［資料Ⅲ］にもとづいて，貸借対照表を完成しなさい。なお，会計期間は×1年4月1日から×2年3月31日までの1年間である。

［資料Ⅰ］

決算整理前残高試算表

×2年3月31日　　（単位：円）

| 借　方 | 勘定科目 | 貸　方 |
|---|---|---|
| 2,362,300 | 現金預金 | |
| 1,502,000 | 電子記録債権 | |
| 1,398,000 | 売掛金 | |
| | 貸倒引当金 | 6,000 |
| 1,501,000 | 繰越商品 | |
| 80,000 | 仮払法人税等 | |
| 1,620,000 | 建物 | |
| | 建物減価償却累計額 | 859,500 |
| 800,000 | 備品 | |
| | 備品減価償却累計額 | 454,500 |
| 1,600,000 | リース資産 | |
| 3,562,000 | 土地 | |
| 600,000 | 長期貸付金 | |
| 43,200 | 長期前払費用 | |
| | 電子記録債務 | 780,000 |
| | 買掛金 | 2,500,000 |
| | 未払費用 | 144,000 |
| | リース債務 | 1,600,000 |
| | 退職給付引当金 | 1,177,000 |
| | 資本金 | 4,000,000 |
| | 資本準備金 | 1,000,000 |
| | 利益準備金 | 120,000 |
| | 繰越利益剰余金 | 896,000 |
| | 売上 | 13,235,000 |
| | 受取利息 | 38,400 |
| 6,459,000 | 仕入 | |
| 4,850,000 | 給料手当 | |
| 10,800 | 保険料 | |
| 206,100 | 水道光熱費 | |
| 154,000 | 減価償却費 | |
| 62,000 | 支払利息 | |
| 26,810,400 | | 26,810,400 |

［資料Ⅱ］未処理事項

1．受取利息に計上した金額のうち¥24,000が，源泉所得税（20%）を控除した純額であることが判明した。
2．買掛金のうち取引銀行を通じて債務の発生の記録を行った電子記録債務¥350,000の振替処理が漏れていることが判明した。

［資料Ⅲ］決算整理事項

1．電子記録債権および売掛金の期末残高に対して，1%の貸倒引当金を差額補充法により設定する。
2．商品の期末帳簿棚卸高は¥1,250,000，実地棚卸高は¥1,210,000であった。
3．未払費用の残高は前期末の決算整理により計上されたものであり，期首の再振替仕訳は行われていない。期首の未払費用の内訳は給料¥43,000および水道光熱費¥101,000であり，当期末の未払額は給料¥46,000および水道光熱費¥116,000であった。
4．長期前払費用の残高は，×2年1月1日に3年分の火災保険料を支払ったものである。当期分を費用にするとともに，1年以内に費用化される部分の金額を前払費用に振り替えることにした。
5．リース資産は当期7月1日にリース契約により取得したものであり，ファイナンス・リース取引と判定され，利子抜き法により処理している。リース期間は4年，リース料は毎年¥460,000を6月末日（後払い）に支払う約定である。よって，利息の未払額を計上する。
6．有形固定資産の減価償却を次のとおり行う。
　建　　物：定額法（耐用年数30年　残存価額ゼロ）
　備　　品：200%定率法（耐用年数8年）
　リース資産：定額法（耐用年数はリース期間　残存価額ゼロ）
　建物と備品の減価償却費は，概算額で建物は¥4,500，備品は¥9,500を4月から2月までの月次決算で各月に計上しているが，減価償却費の年間確定額との差額を決算月で計上する。また，リース資産については月割計算する。
7．長期貸付金の返済期日ごとの内訳は，×2年9月30日が¥100,000，×4年9月30日が¥500,000である。期末までの利息（利率年2.4%）は全額受領済みである。
8．退職給付引当金の当期の負担に属する金額は，¥120,000であった。
9．法人税，住民税及び事業税¥170,000を計上する。

# 貸　借　対　照　表

×2年３月31日　　(単位：円)

| 資産の部 | | 負債の部 | |
|---|---|---|---|
| Ⅰ　流動資産 | | Ⅰ　流動負債 | |
| 現金預金 | (　　) | 電子記録債務 | (　　) |
| 電子記録債権 | (　　) | 買掛金 | (　　) |
| 売掛金 | (　　) | (　　) | (　　) |
| 商品 | (　　) | 未払費用 | (　　) |
| (　　) | (　　) | 未払法人税等 | (　　) |
| 前払費用 | (　　) | 流動負債合計 | (　　) |
| 貸倒引当金 | (△　　) | | |
| 流動資産合計 | (　　) | | |
| Ⅱ　固定資産 | | Ⅱ　固定負債 | |
| 有形固定資産 | | リース債務 | (　　) |
| 建物 | (　　) | 退職給付引当金 | (　　) |
| 減価償却累計額 | (△　　) | 固定負債合計 | (　　) |
| 備品 | (　　) | 負債合計 | (　　) |
| 減価償却累計額 | (△　　) | | |
| リース資産 | (　　) | | |
| 減価償却累計額 | (△　　) | 純資産の部 | |
| 土地 | (　　) | Ⅰ　資本金 | (　　) |
| 有形固定資産合計 | (　　) | Ⅱ　資本準備金 | (　　) |
| 投資その他の資産 | | Ⅲ　利益剰余金 | |
| 長期貸付金 | (　　) | 利益準備金 | (　　) |
| 長期前払費用 | (　　) | 繰越利益剰余金 | (　　) |
| 投資その他の資産合計 | (　　) | 利益剰余金合計 | (　　) |
| 固定資産合計 | (　　) | 純資産合計 | (　　) |
| 資産合計 | (　　) | 負債及び純資産合計 | (　　) |

# 応用問題 1

/ 20

次の［資料Ⅰ］および［資料Ⅱ］にもとづいて，精算表を完成しなさい。ただし，会計期間は×3年4月1日から×4年3月31日までの1年間である。

［資料Ⅰ］未処理事項

1．当座預金口座の残高について銀行に問い合わせしたところ帳簿残高との不一致が明らかとなった。差異の原因を調べたところ，次の事実が判明した。

⑴　売掛金の回収として受け取っていた約束手形￥360,000が当座預金口座に振り込まれたが，￥630,000と間違って記帳していた。

⑵　仕入代金として振り出していた小切手￥60,000が銀行に未呈示であった。

⑶　買掛金￥60,000の決済のために作成した小切手が未渡しであった。当社ではすでに当座預金の減少として記帳していた。

⑷　国庫補助金￥200,000が当座預金口座に振り込まれたが，未記帳であった。

2．建設仮勘定は建設を依頼していた建物（請負代金￥1,280,000）に対するものである。この建物は×4年3月1日に完成し同日より使用しているが，引き渡しを受けたさいの処理がされていなかった。なお，請負代金との差額は現金で支払っている。

3．［資料Ⅰ］2．の建物は［資料Ⅰ］1．⑷の補助金と自己資金で建設したものであり，圧縮記帳（直接減額方式）の処理を行う。

4．すでに代金を現金で受領していた商品200個の売上（売価￥140,000，原価￥100,000）が決算日までに出庫されていなかったことが判明したが，売上の取消処理が行われていなかった。

［資料Ⅱ］決算整理事項

1．期末商品の棚卸高は次のとおりである。なお，［資料Ⅰ］4．の商品は実地棚卸数量にのみ含まれており，帳簿棚卸数量には含まれていなかった。

帳簿棚卸数量　2,200個　　原　　　　価　@￥500
実地棚卸数量　2,300個　　正味売却価額　@￥450

なお，棚卸減耗損と商品評価損は，独立の科目として示すこと。

2．得意先A社に対する売掛金￥100,000についてはA社の経営状態が悪化したため，その回収不能額を債権額の60％と見積もって貸倒引当金を設定する。また，残りの売上債権については期末残高に対して2％の貸倒れを見積もる。なお，貸倒引当金の設定は差額補充法によること。

3．保有する株式の時価は次のとおりである。なお，子会社株式は，時価が著しく下落し，回復する見込みがない。

子会社株式：B社株式　2,000株　時価　@￥　240
その他有価証券：C社株式　1,000株　時価　@￥2,020

4．満期保有目的債券は，D社社債（額面総額￥2,000,000，利率年0.4％，利払日12月末および6月末の年2回）を×2年7月1日に発行と同時に額面@￥100につき@￥98.40で取得したものである。額面総額と取得価額との差額は金利の調整の性格を有していると判断されるため，償却原価法（定額法）により評価する。また，利息の未収高を計上する。

5．有形固定資産の減価償却を次のとおり行う。なお，期中取得の建物については，既存の建物と同様の条件で月割償却を行う。

建物：定額法　耐用年数は30年　残存価額はゼロ
備品：200％定率法　耐用年数は8年

6．買掛金のうち￥330,000はドル建（3,000ドル，取引発生時の為替相場1ドルあたり￥110）によるものであった。なお，決算時の為替相場は1ドルあたり￥115である。

7．期末時点に計上すべき退職給付引当金の残高は￥1,283,000であった。

8．保険料は毎年12月1日に向こう1年分を支払っているが，今年の支払額から料金が前年の5％増しとなっている。


Hint!

## 精　算　表

（単位：円）

| 勘定科目 | 残高試算表 | | 修正記入 | | 損益計算書 | | 貸借対照表 | |
|---|---|---|---|---|---|---|---|---|
| | 借方 | 貸方 | 借方 | 貸方 | 借方 | 貸方 | 借方 | 貸方 |
| 現金預金 | 2,257,400 | | | | | | | |
| | | | | | | | | |
| 受取手形 | 3,150,000 | | | | | | | |
| 売掛金 | 3,780,000 | | | | | | | |
| 商品 | 1,100,000 | | | | | | | |
| | | | | | | | | |
| 建設仮勘定 | 1,000,000 | | | | | | | |
| 建物 | 7,200,000 | | | | | | | |
| 備品 | 1,280,000 | | | | | | | |
| 満期保有目的債券 | 1,971,000 | | | | | | | |
| 子会社株式 | 980,000 | | | | | | | |
| その他有価証券 | 1,890,000 | | | | | | | |
| 支払手形 | | 2,366,000 | | | | | | |
| 買掛金 | | 2,729,000 | | | | | | |
| | | | | | | | | |
| 退職給付引当金 | | 1,037,000 | | | | | | |
| 貸倒引当金 | | 86,000 | | | | | | |
| 建物減価償却累計額 | | 2,640,000 | | | | | | |
| 備品減価償却累計額 | | 740,000 | | | | | | |
| 資本金 | | 12,000,000 | | | | | | |
| 繰越利益剰余金 | | 1,023,000 | | | | | | |
| 売上 | | 8,793,000 | | | | | | |
| 受取配当金 | | 8,000 | | | | | | |
| 有価証券利息 | | 6,000 | | | | | | |
| | | | | | | | | |
| 売上原価 | 5,064,000 | | | | | | | |
| 給料 | 1,476,000 | | | | | | | |
| 水道光熱費 | 197,200 | | | | | | | |
| 保険料 | 82,400 | | | | | | | |
| | 31,428,000 | 31,428,000 | | | | | | |
| 国庫補助金受贈益 | | | | | | | | |
| 固定資産（　　） | | | | | | | | |
| 契約負債 | | | | | | | | |
| 棚卸減耗損 | | | | | | | | |
| 商品評価損 | | | | | | | | |
| 貸倒引当金（　　） | | | | | | | | |
| （　　）評価損 | | | | | | | | |
| その他有価証券評価（　　） | | | | | | | | |
| （　　）有価証券利息 | | | | | | | | |
| 減価償却費 | | | | | | | | |
| 為替差損益 | | | | | | | | |
| 退職給付費用 | | | | | | | | |
| （　　）保険料 | | | | | | | | |
| 当期純（　　） | | | | | | | | |
| | | | | | | | | |

# 応用問題　2

／20

次の［資料Ⅰ］，［資料Ⅱ］および［資料Ⅲ］にもとづいて，損益計算書を完成しなさい。なお，会計期間は×7年４月１日から×8年３月31日までの１年間である。また，法定実効税率は30％である。

［資料Ⅰ］

決算整理前残高試算表

×8年３月31日　　（単位：円）

| 借　方 | 勘定科目 | 貸　方 |
|---:|---|---:|
| 2,024,000 | 現金預金 | |
| 2,085,000 | 受取手形 | |
| 4,361,000 | 売掛金 | |
| | 貸倒引当金 | 76,000 |
| 860,000 | 売買目的有価証券 | |
| 3,985,000 | 繰越商品 | |
| 380,000 | 仮払法人税等 | |
| 5,000,000 | 貸付金 | |
| 4,750,000 | 建物 | |
| | 建物減価償却累計額 | 1,800,000 |
| 1,000,000 | 備品 | |
| | 備品減価償却累計額 | 392,000 |
| 2,000,000 | 土地 | |
| 106,800 | 繰延税金資産 | |
| | 支払手形 | 2,015,000 |
| | 買掛金 | 2,897,000 |
| | 契約負債 | 426,800 |
| | 修繕引当金 | 100,000 |
| | 資本金 | 14,000,000 |
| | 繰越利益剰余金 | 1,780,000 |
| | 売上 | 43,940,900 |
| | 為替差損益 | 120,060 |
| | 国庫補助金受贈益 | 200,000 |
| 30,265,000 | 仕入 | |
| 9,910,000 | 給料 | |
| 256,960 | 水道光熱費 | |
| 20,000 | 修繕費 | |
| 456,000 | 保険料 | |
| 288,000 | 有価証券売却損 | |
| 67,747,760 | | 67,747,760 |

［資料Ⅱ］未処理事項

1．建物について，誤って12月１日に現状を維持するための支出￥250,000を資本的支出として処理していたので，修正する。なお，前期末にこの支出に対し￥100,000の引当金が計上されている。

2．当期９月に国庫補助金として￥200,000を受け取り，その後，10月１日に自己資金￥300,000を加えて備品￥500,000を購入し，同日より使用開始していたが，国庫補助金相当額の圧縮記帳（直接減額方式）が未処理であった。

3．得意先が倒産し，売掛金￥60,000が貸し倒れた。そのうち￥40,000は当期に販売した商品に係るものである。

［資料Ⅲ］決算整理事項

1．期末商品棚卸高は￥4,200,000である。ただし，商品Aには棚卸減耗損￥180,000，商品Bには商品評価損￥100,000が生じている。いずれも売上原価の内訳項目として表示する。

2．売掛金のうち￥714,000と契約負債のうち￥123,600は，アメリカの得意先に対するものである。取引発生時の為替相場は売掛金が１ドルあたり￥102であり，契約負債が１ドルあたり￥103であった。また，決算時の為替相場は１ドルあたり￥104である。

3．受取手形および売掛金の期末残高に対し２％の貸倒引当金を差額補充法により設定する。なお，税務上の繰入限度額は，受取手形および売掛金の期末残高に対し「1,000分の10」であり，繰入限度超過額に係る税効果会計を適用する。なお，前期末の繰入限度超過額は￥56,000である。

4．次の要領にて有形固定資産の減価償却を行う。

　建物：定額法　残存価額ゼロ　耐用年数25年
　　税務上の耐用年数は30年であり，償却限度超過額に係る税効果会計を適用する。なお，前期末までの償却限度超過額は￥300,000である。

　備品：200％定率法　耐用年数５年
　　保証率0.108　改定償却率0.5
　　当期10月に購入した備品の減価償却費は同じ要領で月割計算する。

5．当期２月１日に，次のリース契約を締結した。なお，このリース取引はオペレーティング・リース取引に該当する。

　リース料年額￥216,000　リース期間５年　リース料支払日12月末日（後払い）

6．売買目的有価証券の期末における時価は￥600,000であった。

7．保険料は，毎年６月１日に向こう１年間分をまとめて支払っているが，今年度の支払額から前年の10％増しになった。

8．貸付金は，×7年11月１日に取引先に期間１年，利息は年利率4.8％にて返済時に元本とともに受け取る条件で貸し付けたものであり，未収高を月割計算にて計上する。

9．当期の課税所得￥2,166,000に対して法定実効税率を乗じた額を法人税，住民税及び事業税として計上する。

## 損　益　計　算　書

自×7年4月1日　至×8年3月31日　　(単位：円)

| | | |
|---|---|---|
| Ⅰ 売上高 | | 43,940,900 |
| Ⅱ 売上原価 | | |
| 1 期首商品棚卸高 | 3,985,000 | |
| 2 当期商品仕入高 | 30,265,000 | |
| 合計 | (　　) | |
| 3 期末商品棚卸高 | (　　) | |
| 差引 | (　　) | |
| 4 棚卸減耗損 | (　　) | |
| 5 (　　) | (　　) | (　　) |
| (　　) | | (　　) |
| Ⅲ 販売費及び一般管理費 | | |
| 1 給料 | 9,910,000 | |
| 2 貸倒引当金繰入 | (　　) | |
| 3 貸倒損失 | (　　) | |
| 4 減価償却費 | (　　) | |
| 5 水道光熱費 | 256,960 | |
| 6 修繕費 | (　　) | |
| 7 保険料 | (　　) | |
| 8 (　　) | (　　) | (　　) |
| (　　) | | (　　) |
| Ⅳ 営業外収益 | | |
| 1 受取利息 | (　　) | |
| 2 (　　) | (　　) | (　　) |
| Ⅴ 営業外費用 | | |
| 1 有価証券売却損 | 288,000 | |
| 2 (　　) | (　　) | (　　) |
| (　　) | | (　　) |
| Ⅵ 特別利益 | | |
| 1 国庫補助金受贈益 | 200,000 | 200,000 |
| Ⅶ 特別損失 | | |
| 1 (　　) | (　　) | (　　) |
| 税引前当期純利益 | | (　　) |
| 法人税，住民税及び事業税 | (　　) | |
| (　　) | (　　) | (　　) |
| (　　) | (　　) | (　　) |

# 応用問題　3

／20

次の［資料1］～［資料3］にもとづいて，貸借対照表を完成しなさい。なお，会計期間は×4年４月１日から×5年３月31日までの１年間である。本問では貸倒引当金，減価償却，およびその他有価証券の３項目に関してのみ税効果会計を適用し，法定実効税率は30％とする。

［資料1］

決算整理前残高試算表

×5年３月31日　　（単位：円）

| 借　方 | 勘定科目 | 貸　方 |
|---|---|---|
| 4,334,000 | 現金預金 | |
| 8,720,000 | 売掛金 | |
| | 貸倒引当金 | 36,000 |
| 7,200,000 | 繰越商品 | |
| 372,000 | 仮払金 | |
| 1,000,000 | 仮払法人税等 | |
| 12,000,000 | 建物 | |
| | 建物減価償却累計額 | 4,000,000 |
| 6,120,000 | 備品 | |
| | 備品減価償却累計額 | 2,040,000 |
| 1,800,000 | リース資産 | |
| 1,296,000 | ソフトウェア | |
| 1,566,400 | 満期保有目的債券 | |
| 2,400,000 | その他有価証券 | |
| 2,000,000 | 長期貸付金 | |
| 177,000 | 繰延税金資産 | |
| | 買掛金 | 7,550,000 |
| | 未払金 | 13,000 |
| | リース債務 | 1,800,000 |
| | 資本金 | 20,000,000 |
| | 繰越利益剰余金 | 3,478,000 |
| | 売上 | 89,000,000 |
| | 受取利息・配当金 | 271,200 |
| | 有価証券利息 | 19,200 |
| 65,700,000 | 仕入 | |
| 12,124,000 | 給料 | |
| 1,198,000 | 販売費 | |
| 200,000 | 修繕費 | |
| 128,207,400 | | 128,207,400 |

［資料2］未処理事項

1．当座預金口座の残高を銀行に問い合わせたところ￥2,813,000であり，当社の当座預金勘定の残高と不一致であった。その原因を調査したところ，次の事実が判明した。

(1)　仕入先に振り出した小切手￥250,000が銀行に未呈示であった。

(2)　得意先より売掛金￥120,000の当座預金口座への振り込みがあったが，その通知が当社に未達であった。

(3)　修繕費支払いのために小切手￥50,000を作成して記帳していたが，工務店に未渡しであった。

2．仮払金は，リース料の支払額￥372,000であった。なお，リース資産は当期首に取得したものであり，見積現金購入価額は￥1,800,000，リース期間は５年，リース料は毎年３月末に￥372,000を１年分として支払う契約である。

［資料3］決算整理事項

1．期末帳簿棚卸高は￥7,500,000である。A商品には商品評価損￥180,000，B商品には棚卸減耗損￥210,000が生じている。

2．売上債権の期末残高に対し２％の貸倒引当金を差額補充法により設定する。ただし，税務上の繰入限度額は売上債権の期末残高に対し「1,000分の10」であることから繰入限度超過額に係る税効果会計を適用する。

3．建物，備品とも残存価額ゼロ，定額法にて減価償却を行う。建物の耐用年数は30年，備品の耐用年数は６年である。ただし，備品は税務上の耐用年数が８年であることから，減価償却費の償却限度超過額に係る税効果会計を適用する。なお，この備品は前期末までに２年分の償却限度超過額に対する繰延税金資産が計上されている。

4．リース資産は，残存価額ゼロ，耐用年数をリース期間として定額法により減価償却を行う。

5．ソフトウェアは自社利用の目的で×2年４月１日に取得したものであり，定額法により５年間で償却している。

6．満期保有目的債券は×2年10月１日に他社の発行した社債（額面￥1,600,000，利率年1.2%，利払日３月末と９月末）を額面@￥100につき@￥97で取得したものであり，償却原価法（定額法）により評価している。

7．長期貸付金は，×4年10月１日に期間５年，利率年４％，利払日は毎年３月31日と９月30日の年２回の条件で貸し付けたものである。貸付額に対して10%の貸倒引当金を計上する。ただし，当該貸倒引当金繰入については損金算入が全額認められなかったため，税効果会計を適用する。

8．その他有価証券の時価は￥2,700,000であり，評価差額金について税効果会計を適用して処理する。

9．法人税，住民税及び事業税に￥2,366,700を計上する。なお，仮払法人税等は中間納付によるものである。また，減価償却と貸倒引当金について税効果会計を適用した処理を行う。

10．繰延税金資産と繰延税金負債を相殺し，その純額を固定資産または固定負債として貸借対照表に表示する。

## 貸借対照表

×5年３月31日　　　　（単位：円）

| | | |
|---|---|---|
| **資産の部** | | |
| Ⅰ 流動資産 | | |
| 現金及び預金 | | ( ) |
| 売掛金 | ( ) | |
| 貸倒引当金 | ( ) | ( ) |
| 商品 | | ( ) |
| 流動資産合計 | | ( ) |
| Ⅱ 固定資産 | | |
| 建物 | 12,000,000 | |
| 減価償却累計額 | ( ) | ( ) |
| 備品 | 6,120,000 | |
| 減価償却累計額 | ( ) | ( ) |
| リース資産 | 1,800,000 | |
| 減価償却累計額 | ( ) | ( ) |
| ソフトウェア | | ( ) |
| ( ) | | ( ) |
| 長期貸付金 | 2,000,000 | |
| 貸倒引当金 | ( ) | ( ) |
| ( ) | | ( ) |
| 固定資産合計 | | ( ) |
| 資産合計 | | ( ) |
| **負債の部** | | |
| Ⅰ 流動負債 | | |
| 買掛金 | | 7,550,000 |
| 未払金 | | ( ) |
| 未払法人税等 | | ( ) |
| ( ) | | ( ) |
| 流動負債合計 | | ( ) |
| Ⅱ 固定負債 | | |
| ( ) | | ( ) |
| 固定負債合計 | | ( ) |
| 負債合計 | | ( ) |
| **純資産の部** | | |
| Ⅰ 株主資本 | | |
| 資本金 | | 20,000,000 |
| 繰越利益剰余金 | | ( ) |
| 株主資本合計 | | ( ) |
| Ⅱ 評価・換算差額等 | | |
| その他有価証券評価差額金 | | ( ) |
| 評価・換算差額等合計 | | ( ) |
| 純資産合計 | | ( ) |
| 負債・純資産合計 | | ( ) |

# 応用問題　4

／20

次の［資料Ⅰ］，［資料Ⅱ］および［資料Ⅲ］にもとづいて，損益計算書を完成しなさい。なお，会計期間は×6年４月１日から×7年３月31日までの１年間である。

［資料Ⅰ］

決算整理前残高試算表

×7年３月31日　　　　（単位：円）

| 借　方 | 勘定科目 | 貸　方 |
| ---: | --- | ---: |
| 1,922,920 | 現金預金 | |
| 786,000 | 電子記録債権 | |
| 2,570,000 | 売掛金 | |
| 1,598,000 | 繰越商品 | |
| 102,000 | 仮払法人税等 | |
| 63,000 | 仮払金 | |
| 18,000 | 前払費用 | |
| | 貸倒引当金 | 25,000 |
| 1,368,000 | 建物 | |
| | 建物減価償却累計額 | 228,000 |
| 300,000 | 備品 | |
| | 備品減価償却累計額 | 128,500 |
| 730,000 | 土地 | |
| 5,000 | 建設仮勘定 | |
| | 電子記録債務 | 860,000 |
| | 買掛金 | 1,050,000 |
| | 借入金 | 3,000,000 |
| | 未払費用 | 485,000 |
| | 退職給付引当金 | 623,000 |
| | 資本金 | 1,000,000 |
| | 利益準備金 | 100,000 |
| | 繰越利益剰余金 | 990,000 |
| | 売上 | 15,689,100 |
| | 有価証券売却益 | 20,000 |
| 10,460,000 | 仕入 | |
| 3,627,000 | 給料 | |
| 350,000 | 水道光熱費 | |
| 148,380 | 保険料 | |
| 80,300 | 減価償却費 | |
| 66,000 | 支払利息 | |
| 4,000 | 固定資産除却損 | |
| 24,198,600 | | 24,198,600 |

［資料Ⅱ］未処理事項

1．仮払金￥63,000は従業員の退職金であることが判明したので，退職給付引当金で充当する。

2．土地の一部（帳簿価額￥120,000）を売却し，売却代金￥190,000は当座預金としていたが，この取引は未記帳であった。

3．当期に掛けで販売した商品のうち，品違いを理由とする商品の返品受入れ（売価￥25,000，原価￥15,000）が未処理となっている。

4．売掛金のうち900ドルを現金（日本円）で回収したが，未処理であった。なお，この売掛金の取引発生時の為替相場は１ドルあたり￥100であり，決済時の為替相場は１ドルあたり￥102である。

［資料Ⅲ］決算整理事項

1．売上債権について，次のように貸倒引当金を差額補充法により設定する。なお，期末に外貨建ての売上債権はない。

(1)　A社に対する売掛金￥240,000：債権額から担保処分見込額￥40,000を控除した額の50％

(2)　その他の売上債権（電子記録債権を含む）：期末残高の２％

2．買掛金のうち￥183,600は，当期にアメリカより輸入した商品に対するものであり，決算日現在，決済されていない。なお，輸入時の為替相場は１ドルあたり￥102であり，決算時の為替相場は１ドルあたり￥105である。

3．未払費用の残高は前期末の決算整理により計上されたものであり，期首の再振替仕訳は行われていない。未払費用の内訳は従業員の給料￥430,000および水道光熱費￥55,000であった。また，当期末における未払額は給料￥385,000および水道光熱費￥48,000であった。

4．商品の期末帳簿棚卸高は￥1,600,000であり，実地棚卸高（原価）は￥1,602,000であった。棚卸差異の原因を調査したところ，［資料Ⅱ］３．の返品が実地棚卸高にのみ含まれていることが判明した。また，この返品分と合わせて原価￥45,000の商品が品質不良のため，販売可能価額が原価の50％と見積もられた。いずれの差異も売上原価の内訳項目として表示する。

5．借入金￥3,000,000に対する利息（利率年2.4％，月割計算）３か月分を×7年３月１日に前払いし，その全額を前払費用に計上している。

6．固定資産の減価償却を次のとおり行う。

建物：定額法　耐用年数30年　残存価額はゼロ　　備品：定率法　償却率20％

減価償却費については，固定資産の期首の残高を基礎として，建物については￥3,800，備品については￥3,500を，４月から２月までの11か月間に毎月見積計上してきており，決算月も同様の処理を行う。

7．従業員に対する退職給付債務を見積もった結果，期末に引当金として計上すべき残高は￥650,000である。

8．法人税，住民税及び事業税について決算整理を行い，中間納付額控除後の金額￥143,000を未払法人税等として計上する。なお，仮払法人税等￥102,000は中間納付にかかわるものである。



Hint!

# 損　益　計　算　書

自×6年4月1日　至×7年3月31日　　　　　（単位：円）

| | | |
|---|---|---|
| Ⅰ 売上高 | | （　　　） |
| Ⅱ 売上原価 | | |
| 1 期首商品棚卸高 | （　　　） | |
| 2 当期商品仕入高 | （　　　） | |
| 合計 | （　　　） | |
| 3 期末商品棚卸高 | （　　　） | |
| 差引 | （　　　） | |
| 4 棚卸減耗損 | （　　　） | |
| 5（　　　） | （　　　） | （　　　） |
| （　　　） | | （　　　） |
| Ⅲ 販売費及び一般管理費 | | |
| 1 給料 | （　　　） | |
| 2 水道光熱費 | （　　　） | |
| 3 保険料 | 148,380 | |
| 4 減価償却費 | （　　　） | |
| 5 貸倒引当金繰入 | （　　　） | |
| 6 退職給付費用 | （　　　） | （　　　） |
| （　　　） | | （　　　） |
| Ⅳ 営業外収益 | | |
| 1 有価証券売却益 | 20,000 | 20,000 |
| Ⅴ 営業外費用 | | |
| 1 支払利息 | （　　　） | |
| 2（　　　） | （　　　） | （　　　） |
| （　　　） | | （　　　） |
| Ⅵ 特別利益 | | |
| 1（　　　） | （　　　） | （　　　） |
| Ⅶ 特別損失 | | |
| 1（　　　） | （　　　） | （　　　） |
| 税引前当期純利益 | | （　　　） |
| 法人税，住民税及び事業税 | | （　　　） |
| （　　　） | | （　　　） |

# 応用問題　5

/ 20

次の［資料Ⅰ］,［資料Ⅱ］および［資料Ⅲ］にもとづいて，貸借対照表を完成しなさい。なお，会計期間は×7年4月1日から×8年3月31日までの1年間である。

［資料Ⅰ］

決算整理前残高試算表

×8年3月31日　　　（単位：円）

| 借　方 | 勘定科目 | 貸　方 |
|---|---|---|
| 1,111,700 | 現金預金 | |
| 650,000 | 売掛金 | |
| 540,000 | 契約資産 | |
| 288,000 | 売買目的有価証券 | |
| 916,000 | 繰越商品 | |
| 123,000 | 仮払法人税等 | |
| | 貸倒引当金 | 10,500 |
| 3,000,000 | 建物 | |
| | 建物減価償却累計額 | 1,352,000 |
| 640,000 | 備品 | |
| | 備品減価償却累計額 | 362,500 |
| 1,000,000 | 土地 | |
| 150,000 | 商標権 | |
| 1,500,000 | 子会社株式 | |
| 12,000 | 繰延税金資産 | |
| | 支払手形 | 896,000 |
| | 買掛金 | 1,100,000 |
| | 契約負債 | 100,000 |
| | 借入金 | 2,000,000 |
| | 資本金 | 2,500,000 |
| | 資本準備金 | 500,000 |
| | 利益準備金 | 105,000 |
| | 繰越利益剰余金 | 148,500 |
| | 売上 | 11,683,800 |
| | 受取利息・配当金 | 25,000 |
| 9,050,100 | 仕入 | |
| 1,250,000 | 給料手当 | |
| 360,000 | 保険料 | |
| 159,500 | 減価償却費 | |
| 33,000 | 支払利息 | |
| 20,783,300 | | 20,783,300 |

［資料Ⅱ］未処理事項

1．すでに代金を現金で受領していたZ品の売上（売価¥120,000，原価¥72,000）が3月31日までに出庫されていなかったことが判明したが，売上取消し処理が未処理のままとなっていた。

2．当社はX品（売価¥27,000）とY品（売価¥18,000）をセットにして¥45,000で販売している。このセット商品の引渡しは，X品は販売時に，Y品はその1か月後の契約になっている（X品とY品の引き渡しは独立の履行義務として識別）。また，代金はY品を引き渡した後に請求する契約となっている。このセット商品について，期末に10セット分のY品を引き渡していたが未処理となっていた。

［資料Ⅲ］決算整理事項

1．売掛金（A社に対する売掛金を除く）と契約資産の期末残高に対して1％の貸倒引当金を差額補充法により設定する。なお，売掛金のうち¥200,000はA社に対するものであり，個別に期末残高の20％を貸倒引当金として設定する。

2．商品の期末帳簿棚卸高は¥832,000，実地棚卸高は¥906,000であった。棚卸差額の原因を調査したところ，①3月30日に納入された商品¥105,000の掛仕入れが帳簿上で計上漏れであったこと，②［資料Ⅱ］1．の商品は帳簿棚卸高と実地棚卸高のいずれにも含まれていないことが判明した。

3．保有する株式は次のとおりである。

| 銘柄 | 保有目的 | 帳簿価額 | 時価 |
|---|---|---|---|
| X社株式 | 売買目的 | ¥　288,000 | ¥　315,000 |
| Y社株式 | 支配目的 | ¥1,500,000 | ¥1,560,000 |

（注）Y社は当社の子会社である（発行済株式の60％を保有）。

4．保険料のうち¥216,000は，×8年3月1日に3年分の火災保険料を支払ったものであり，前払高を次期以降に繰り延べる。

5．有形固定資産の減価償却を次のとおり行う。

建物：定額法　　　耐用年数30年　残存価額ゼロ
備品：200％定率法　耐用年数8年

(1)　建物の取得原価のうち¥450,000は×7年10月1日に取得し使用を開始したもの（減価償却は月割）であり，月次決算は行っていない。なお，これ以外の有形固定資産は期首以前から所有している。

(2)　減価償却費は，概算額で建物は¥7,000，備品¥7,500を4月から2月までの月次決算で計上してきているが，減価償却費の年間確定額との差額を決算月で計上する。

6．商標権は，×3年4月1日に取得したものであり，定額法により10年間で償却を行っている。

7．借入金は，×7年8月1日に借り入れたものであり，その内訳は次のとおりである。

残高　¥　500,000　返済期日　×8年7月31日　利率年1.2％
残高　¥1,500,000　返済期日　×11年7月31日　利率年1.8％

利息は8月1日と2月1日に未経過分の6か月分を支払っているものであり，前払高を次期に繰り延べる。

8．法人税，住民税及び事業税¥284,100を計上する。また，当期において，税効果会計上の将来減算一時差異が¥15,000増加したため，繰延税金資産を追加計上する。なお，法定実効税率は30％である。

# 貸借対照表

×8年3月31日　　　　(単位：円)

| | | | |
|---|---|---|---|
| 資産の部 | | 負債の部 | |
| Ⅰ 流動資産 | | Ⅰ 流動負債 | |
| 現金預金 | (　　) | 支払手形 | (　　) |
| 売掛金 | (　　) | 買掛金 | (　　) |
| 契約資産 | (　　) | (　　) | (　　) |
| 有価証券 | (　　) | 短期借入金 | (　　) |
| 商品 | (　　) | 未払法人税等 | (　　) |
| 前払費用 | (　　) | 流動負債合計 | (　　) |
| 貸倒引当金 | (△　　) | | |
| 流動資産合計 | (　　) | | |
| Ⅱ 固定資産 | | | |
| 有形固定資産 | | Ⅱ 固定負債 | |
| 建物 | (　　) | 長期借入金 | (　　) |
| 減価償却累計額 | (△　　) | 固定負債合計 | (　　) |
| 備品 | (　　) | 負債合計 | (　　) |
| 減価償却累計額 | (△　　) | | |
| 土地 | (　　) | | |
| 有形固定資産合計 | (　　) | | |
| 無形固定資産 | | | |
| 商標権 | (　　) | 純資産の部 | |
| 無形固定資産合計 | (　　) | Ⅰ 資本金 | (　　) |
| 投資その他の資産 | | Ⅱ 資本準備金 | (　　) |
| 関係会社株式 | (　　) | Ⅲ 利益剰余金 | |
| (　　) | (　　) | 利益準備金 | (　　) |
| 繰延税金資産 | (　　) | 繰越利益剰余金 | (　　) |
| 投資その他の資産合計 | (　　) | 利益剰余金合計 | (　　) |
| 固定資産合計 | (　　) | 純資産合計 | (　　) |
| 資産合計 | (　　) | 負債及び純資産合計 | (　　) |

# 応用問題　6

／20

次の［資料1］および［資料2］にもとづいて，損益計算書を完成させるとともに，期末の貸借対照表に表示される各項目の金額を答えなさい。なお，会計期間は×2年４月１日から×3年３月31日までの１年間である。

［資料１］　×3年２月末現在の残高試算表

残　高　試　算　表

×3年２月28日　　（単位：千円）

| 借　　方 | 勘　定　科　目 | 貸　　方 |
|---|---|---|
| 1,450,800 | 現　金　預　金 | |
| 3,215,000 | 売　　掛　　金 | |
| 75,000 | 製　　　　　品 | |
| 123,800 | 材　　　　　料 | |
| 150,000 | 仕　　掛　　品 | |
| | 貸　倒　引　当　金 | 19,000 |
| 4,500,000 | 建　　　　　物 | |
| 2,880,000 | 機　械　装　置 | |
| | 建物減価償却累計額 | 900,000 |
| | 機械装置減価償却累計額 | 1,440,000 |
| 2,005,500 | 満期保有目的債券 | |
| | 買　　掛　　金 | 2,787,500 |
| | 製品保証引当金 | 68,200 |
| | 退職給付引当金 | 2,512,000 |
| | 資　　本　　金 | 3,000,000 |
| | 利　益　準　備　金 | 312,000 |
| | 繰越利益剰余金 | 2,678,000 |
| | 売　　　　　上 | 9,150,000 |
| | 有　価　証　券　利　息 | 6,300 |
| 6,435,400 | 売　上　原　価 | |
| 1,570,000 | 販　　売　　費 | |
| 55,000 | 減　価　償　却　費 | |
| 412,500 | 退　職　給　付　費　用 | |
| 22,873,000 | | 22,873,000 |

［資料２］　×3年３月中の取引および決算整理に関する事項

1．材料仕入高（すべて掛取引）300,000千円，直接材料費225,000千円，間接材料費62,000千円，直接工賃金支払高（当座預金からの振込み，月初および月末の未払分はない。なお直接工の賃金はすべて直接労務費とする）250,000千円，製造間接費予定配賦額275,000千円，製造間接費のうち間接材料費，材料の棚卸減耗損，減価償却費および退職給付費用をのぞく実際発生額（すべて小切手を振り出して支払い済み）102,000千円，当月完成品原価700,000千円，当月売上原価650,000千円，当月売上高（すべて掛取引）875,000千円であった。

　年度末に生じた原価差異は，下記３．～５．に示されている事項のみであり，月次決算で生じた原価差異は月ごとに売上原価に賦課している。

2．３月中に売掛金750,000千円が当座預金口座に振り込まれ，買掛金462,500千円と販売費51,500千円を当座預金口座から支払った。

3．月末に実地棚卸を行ったところ，材料実際有高は135,000千円，製品実際有高は123,500千円であった。減耗は，材料・製品とも正常な理由により生じたものであり，材料の棚卸減耗損については製造間接費，製品の棚卸減耗損については売上原価に賦課する。

4．減価償却費は，期首に見積もった年間の発生額の12分の１（下記参照）を毎月計上し，３月も同様の処理を行う。また，年度初めの見積もりどおりに発生し，差異は生じなかった。

　　建　　物　12,500千円
　　　　　　（製造用7,500千円，販売・一般管理用5,000千円）
　　機械装置　30,000千円（すべて製造用）

5．退職給付引当金は，年度見積額の12分の１を毎月費用計上し，３月も同様の処理を行う。製造活動に携わる従業員に係る費用は毎月75,000千円，それ以外の従業員に係る費用が毎月37,500千円である。年度末に繰入額を確定したところ，年度見積額に比べ，製造活動に携わる従業員に係る費用が1,500千円多かった。それ以外の従業員に係る費用は，年度初めの見積もりどおりであった。

6．売掛金の期末残高に対して１％の貸倒れを見積もり，差額補充法により貸倒引当金を設定する。

7．製品保証引当金80,200千円を設定する。残高試算表に計上されている製品保証引当金は保証期間が当期中に終了したため，全額を戻し入れる。なお，戻入額と繰入額は相殺し，純額で処理する。

8．満期保有目的債券は，A社社債（利率年0.4%，利払日６月末および12月末の年２回，満期５年）を×1年１月１日に発行と同時に額面@￥100につき@￥94で取得したものである。額面総額と取得価額との差額は金利の調整の性格を有していると判断されるため，償却原価法（定額法）により評価する。また，利息の未収高を計上する。

## 損　益　計　算　書

自×2年4月1日　至×3年3月31日　　　　(単位：千円)

| | | |
|---|---|---|
| Ⅰ 売上高 | | (　　　) |
| Ⅱ 売上原価 | | (　　　) |
| 　売上総利益 | | (　　　) |
| Ⅲ 販売費及び一般管理費 | | |
| 　1 販売費 | (　　　) | |
| 　2 減価償却費 | (　　　) | |
| 　3 貸倒引当金繰入 | (　　　) | |
| 　4 製品保証引当金繰入 | (　　　) | |
| 　5 退職給付費用 | (　　　) | (　　　) |
| 　営業利益 | | (　　　) |
| Ⅳ 営業外収益 | | |
| 　1 有価証券利息 | (　　　) | (　　　) |
| 　当期純利益 | | (　　　) |

貸借対照表に表示される項目

| | |
|---|---|
| ① 現金預金 | 千円 |
| ② 仕掛品 | 千円 |
| ③ 未収収益 | 千円 |
| ④ 投資有価証券 | 千円 |

# 応用問題 7

／20

次の［資料1］および［資料2］にもとづいて，貸借対照表を完成しなさい。また，損益計算書に表示する売上原価の金額を答えなさい。なお，会計期間は×1年4月1日から×2年3月31日までの1年間である。

［資料1］×2年2月末現在の残高試算表

残 高 試 算 表

×2年2月28日　　（単位：円）

| 借　方 | 勘定科目 | 貸　方 |
| --- | --- | --- |
| 1,932,040 | 現金預金 | |
| 1,476,400 | 売掛金 | |
| 937,000 | 製品 | |
| 714,000 | 材料 | |
| 394,000 | 仕掛品 | |
| 98,000 | 仮払法人税等 | |
| | 貸倒引当金 | 25,000 |
| 9,720,000 | 建物 | |
| 1,764,000 | 機械装置 | |
| | 建物減価償却累計額 | 621,000 |
| | 機械装置減価償却累計額 | 676,200 |
| | 買掛金 | 987,240 |
| | 未払賃金 | 47,000 |
| | 製品保証引当金 | 102,000 |
| | 退職給付引当金 | 1,234,000 |
| | 資本金 | 10,000,000 |
| | 資本準備金 | 1,300,000 |
| | 利益準備金 | 240,000 |
| | 繰越利益剰余金 | 1,020,000 |
| | 売上 | 17,266,000 |
| 13,040,000 | 売上原価 | |
| 3,007,400 | 販売費及び一般管理費 | |
| 118,800 | 減価償却費 | |
| 316,800 | 退職給付費用 | |
| 33,518,440 | | 33,518,440 |

［資料2］×2年3月中の取引および決算整理に関する事項

1. 材料について，仕入高（掛け）は¥784,000，予定消費高は¥762,000（うち，直接材料費¥712,800）であり価格差異¥5,000（貸方差異）が生じた。また，月末実地棚卸高は¥735,200であった。なお，減耗は原価性があるため，製造原価に計上する。
2. 賃金について，現金支払高は¥454,400，予定消費高は¥454,500（うち，直接労務費¥412,400）であり賃率差異¥2,900（借方差異）が生じた。また，月末未払高は¥50,000であった。
3. 製造経費について，現金支払高は¥177,200，消費高は¥177,200（間接経費）であった。
4. 製造間接費について，予定配賦額は直接材料費の50%であった。
5. 製品について，当月完成品原価は¥1,528,000，当月売上原価は¥1,580,400，月末実地棚卸高は¥881,800であった。なお，減耗は原価性があるため，売上原価に算入する。
6. 当月売上高（掛け）は¥1,734,000，売掛金の当座預金による回収額は¥1,800,400，買掛金の当座預金による支払額は¥856,000，販売費及び一般管理費の現金による支払額は¥347,600であった。
7. 減価償却費は，期首に見積もった年間の発生額の12分の1（下記参照）を毎月計上し，3月も同様の処理を行う。また，年度初めの見積もりどおりに発生し，差異は生じなかった。

   建　物　¥27,000

   （製造用¥16,200，販売・一般管理用¥10,800）

   機械装置　¥29,400（すべて製造用）
8. 退職給付引当金は，年間見積額の12分の1を毎月費用計上し，3月も同様の処理を行う。製造活動に係る費用が¥43,000で，それ以外の活動に係る費用が¥28,800であったが，年度末に繰入額を確定したところ，年間見積額に比べ，製造活動に係る費用が¥5,000多く，それ以外の活動に係る費用も¥3,000多かった。
9. 各月で発生した原価差異は，各月の売上原価に賦課している。3月の原価差異も同様に処理する。
10. 売上債権の期末残高に対して2%の貸倒引当金を差額補充法により設定する。
11. 製品保証引当金を売上高の0.9%に設定する。残高試算表に計上されている製品保証引当金は保証期間が当期中に終了したため，全額を戻し入れる。なお，戻入額と繰入額は相殺し，純額で処理する。
12. 法人税，住民税及び事業税¥138,600を計上する。

## 貸借対照表

×2年3月31日　　　　(単位：円)

| 資産の部 | | 負債の部 | |
|---|---|---|---|
| Ⅰ 流動資産 | | Ⅰ 流動負債 | |
| 現金預金 | (　　) | 買掛金 | (　　) |
| 売掛金 | (　　) | 製品保証引当金 | (　　) |
| 製品 | (　　) | 未払費用 | (　　) |
| 仕掛品 | (　　) | 未払法人税等 | (　　) |
| 材料 | (　　) | 流動負債合計 | (　　) |
| 貸倒引当金 | (△　　) | Ⅱ 固定負債 | |
| 流動資産合計 | (　　) | 退職給付引当金 | (　　) |
| | | 固定負債合計 | (　　) |
| Ⅱ 固定資産 | | 負債合計 | (　　) |
| 有形固定資産 | | | |
| 建物 | (　　) | 純資産の部 | |
| 減価償却累計額 | (△　　) | Ⅰ 資本金 | (　　) |
| 機械装置 | (　　) | Ⅱ 資本剰余金 | |
| 減価償却累計額 | (△　　) | 資本準備金 | (　　) |
| 有形固定資産合計 | (　　) | 資本剰余金合計 | (　　) |
| 固定資産合計 | (　　) | Ⅲ 利益剰余金 | |
| | | 利益準備金 | (　　) |
| | | 繰越利益剰余金 | (　　) |
| | | 利益剰余金合計 | (　　) |
| | | 純資産合計 | (　　) |
| 資産合計 | (　　) | 負債及び純資産合計 | (　　) |

| | |
|---|---|
| 損益計算書に表示する売上原価の金額 | 円 |

# 応用問題 8

／20

次の［資料］にもとづき，第6期（×5年4月1日～×6年3月31日）の本店の損益勘定を完成しなさい。ただし，本問では，「法人税，住民税及び事業税」と税効果会計を考慮しないこととする。

**［資料］**

(A) 残高試算表（本店・支店）

残　高　試　算　表

×6年3月31日

| 借　方 | 本　店 | 支　店 | 貸　方 | 本　店 | 支　店 |
|---|---|---|---|---|---|
| 現金預金 | 1,686,200 | 1,462,200 | 買掛金 | 786,000 | 479,000 |
| 売掛金 | 1,205,000 | 950,000 | 貸倒引当金 | 1,200 | 7,200 |
| 繰越商品 | 782,000 | 415,000 | 備品減価償却累計額 | 336,000 | 135,000 |
| 備品 | 840,000 | 360,000 | 本店 | — | 1,898,000 |
| ソフトウェア | 120,000 | — | 資本金 | 5,000,000 | — |
| 満期保有目的債券 | 1,968,000 | — | 利益準備金 | 230,000 | — |
| 支店 | 1,898,000 | — | 繰越利益剰余金 | 984,000 | — |
| 仕入 | 4,180,000 | 1,716,000 | 売上 | 7,480,000 | 3,410,000 |
| 給料 | 1,374,000 | 520,000 | 受取手数料 | 52,000 | — |
| 支払家賃 | 680,000 | 480,000 | 有価証券利息 | 24,000 | — |
| 広告宣伝費 | 299,000 | 26,000 | 有価証券売却益 | 139,000 | — |
| | 15,032,200 | 5,929,200 | | 15,032,200 | 5,929,200 |

(B) 未処理事項等

(1) 本店の売掛金¥125,000が回収され，本店の当座預金口座に入金されていたが，記帳していなかった。

(2) ×6年3月1日，本店は営業用の車両¥2,400,000を購入し，代金は翌月末払いとしていたが，記帳していなかった。

(C) 決算整理事項等

(1) 商品の期末棚卸高は次のとおりである。なお，棚卸減耗損および商品評価損を仕入勘定に振り替えず独立の費用として処理する。

① 本　店：帳簿棚卸数量　1,000個　原　価　@¥800　実地棚卸数量　980個　正味売却価額　@¥750

② 支　店：帳簿棚卸数量　800個　原　価　@¥500　実地棚卸数量　785個　正味売却価額　@¥700

(2) 本店・支店とも売上債権残高の1％にあたる貸倒引当金を差額補充法により設定する。

(3) 有形固定資産の減価償却

① 備　　品：本店・支店とも，残存価額ゼロ，耐用年数8年の定額法

② 車両運搬具：総利用可能距離200,000km，当期の利用距離2,500km，残存価額ゼロ，生産高比例法

(4) 満期保有目的債券は，×3年4月1日に，期間5年の額面¥2,000,000の国債（利払日：毎年3月末と9月末日，利率年1.2％）を発行と同時に¥1,960,000で取得したものであり，償却原価法（定額法）を適用している。

(5) 経過勘定項目（本店・支店）

① 本　店：給料の未払分　¥64,000　支払家賃の前払分　¥ 80,000

② 支　店：給料の未払分　¥60,000　支払家賃の未払分　¥120,000

(6) ソフトウェアは，×1年4月1日に取得したものであり，取得後5年間で償却する。

(7) 本店が支払った広告宣伝費のうち，支店は¥60,000を負担することになった。

(8) 支店で算出された損益（各自算定）が本店に報告された。

## 損　　益

| 日付 | | 摘要 | 金額 | 日付 | | 摘要 | 金額 |
|---|---|---|---|---|---|---|---|
| 3 | 31 | 仕入 | | 3 | 31 | 売上 | |
| | 〃 | 棚卸減耗損 | | | 〃 | 受取手数料 | |
| | 〃 | 商品評価損 | | | 〃 | 有価証券利息 | |
| | 〃 | 給料 | | | 〃 | 有価証券売却益 | |
| | 〃 | 支払家賃 | | | 〃 | 支店 | |
| | 〃 | 広告宣伝費 | | | | | |
| | 〃 | 貸倒引当金繰入 | | | | | |
| | 〃 | 減価償却費 | | | | | |
| | 〃 | (　　　) 償却 | | | | | |
| | 〃 | (　　　) | | | | | |
| | | | | | | | |

# 応用問題　9

／20

次の［資料Ⅰ］～［資料Ⅳ］にもとづいて，損益計算書を完成しなさい。なお，会計期間は×7年4月1日から×8年3月31日までの1年間である。

**［資料Ⅰ］**

決算整理前残高試算表

×8年3月31日　　（単位：千円）

| 借　方 | 勘定科目 | 貸　方 |
|---|---|---|
| 417,798 | 現金預金 | |
| 315,330 | 売掛金 | |
| 267,450 | 契約資産 | |
| | 貸倒引当金 | 5,060 |
| 2,100 | 仕掛品 | |
| 51,000 | 仮払法人税等 | |
| 960 | 前払費用 | |
| 104,800 | 備品 | |
| | 備品減価償却累計額 | 59,200 |
| 8,400 | ソフトウェア | |
| 54,000 | ソフトウェア仮勘定 | |
| | 未払金 | 164,840 |
| | 借入金 | 200,000 |
| | 退職給付引当金 | 35,000 |
| | 資本金 | 350,000 |
| | 繰越利益剰余金 | 43,760 |
| | 役務収益 | 2,978,200 |
| | 受取手数料 | 256 |
| | 投資有価証券売却益 | 6,400 |
| 2,167,240 | 役務原価（報酬） | |
| 33,600 | 役務原価（その他） | |
| 240,000 | 給料 | |
| 20,000 | 旅費交通費 | |
| 3,374 | 水道光熱費 | |
| 10,480 | 通信費 | |
| 144,000 | 支払家賃 | |
| 1,584 | 保険料 | |
| 600 | 支払利息 | |
| 3,842,716 | | 3,842,716 |

**［資料Ⅱ］**事業の内容

当社は人材派遣業を営んでいる。顧客への請求と役務収益の計上は，①1時間当たりの請求額が契約上定められており，勤務報告書に記入された時間にもとづき請求し，履行義務が充足されたものとして収益を計上するものと，②短期間講習の講師派遣については，講習の完了後に一括して契約額の総額を請求し，一日ごとの講習の終了により履行義務が充足されたものとして収益を計上する2つの形態がある。派遣されたスタッフの給与は，いずれの形態であっても請求額の70%で設定されている。

**［資料Ⅲ］**未処理事項

1．上記①の形態で，勤務報告書（勤務総時間210時間，1時間当たりの給与1,400円）の提出漏れがあったので，この報告書に対する役務収益と役務原価を計上する。

2．上記②の形態で，次の講習について未処理であったので，講習日数による作業進捗度により役務収益と役務原価を計上する。なお，仕掛品2,100千円はこの講習に係る給与を先行して支払ったものである。

　　契約額の総額　3,000千円　　総講習日数　10日
　　3月末までの講習日数6日

3．ソフトウェア仮勘定は業務用ソフトウェア54,000千円に対するものであり，当期の3月1日に引き渡しを受け，すでに稼働していたが未記帳であった。また，この稼働にともない，現在のソフトウェアは2月末にすべて除却処分していたが，未処理となっていた。なお，このソフトウェアは当期末に償却期間が満了するものである。

**［資料Ⅳ］**決算整理事項

1．売掛金と契約資産の期末残高に対し2%の貸倒引当金を差額補充法により設定する。

2．備品の減価償却を200%定率法（耐用年数8年）で行う。なお，残高試算表の備品のうち2,400千円は当期12月1日から使用しているものであり，減価償却は同じ要領で月割計算する。

3．ソフトウェアは定額法で5年間にわたり月割で償却する。

4．期末時点に計上すべき退職給付引当金の残高は42,000千円であった。

5．前払費用は前期に支払った保険料に対するものであり，再振替仕訳が行われていないことが判明した。保険料は，毎年同月に向こう1年間分をまとめて支払っているが，今年度の支払額から前年の10%増しになった。

6．借入金は，前期の7月1日に借入期間5年，利率年1.2%，利払いは年1回（6月末）の条件で借り入れたものである。決算にあたって，利息の未払分を月割計算で計上する。

7．法人税，住民税及び事業税について決算整理を行い，中間納付額控除後の金額56,300千円を未払法人税等として計上する。なお，仮払法人税等51,000千円は中間納付にかかわるものである。

# 損　益　計　算　書

自×7年4月1日　至×8年3月31日　　(単位：千円)

| | | |
|---|---|---|
| Ⅰ 役務収益 | | (　　) |
| Ⅱ 役務原価 | | |
| 　報酬 | (　　) | |
| 　その他 | (　　) | (　　) |
| 　売上総利益 | | (　　) |
| Ⅲ 販売費及び一般管理費 | | |
| 　1 給料 | 240,000 | |
| 　2 旅費交通費 | 20,000 | |
| 　3 水道光熱費 | 3,374 | |
| 　4 通信費 | 10,480 | |
| 　5 支払家賃 | 144,000 | |
| 　6 保険料 | (　　) | |
| 　7 貸倒引当金繰入 | (　　) | |
| 　8 減価償却費 | (　　) | |
| 　9 (　　)償却 | (　　) | |
| 　10 退職給付費用 | (　　) | (　　) |
| 　(　　) | | (　　) |
| Ⅳ 営業外収益 | | |
| 　1 (　　) | (　　) | (　　) |
| Ⅴ 営業外費用 | | |
| 　1 支払利息 | (　　) | (　　) |
| 　(　　) | | (　　) |
| Ⅵ 特別利益 | | |
| 　1 (　　) | (　　) | (　　) |
| Ⅶ 特別損失 | | |
| 　1 ソフトウェア(　　) | (　　) | (　　) |
| 　税引前当期純利益 | | (　　) |
| 　法人税，住民税及び事業税 | | (　　) |
| 　(　　) | | (　　) |

**短期集中トレーニング**
**日商簿記２級　決算編**

表紙デザイン
DESIGN+SLIM　松　利江子

●**編　者**――実教出版編修部

●**発行者**――小田　良次

●**印刷所**――株式会社広済堂ネクスト

●**発行所**――**実教出版株式会社**

〒102-8377
東京都千代田区五番町５
電話〈営業〉(03) 3238-7777
〈編修〉(03) 3238-7332
〈総務〉(03) 3238-7700
https://www.jikkyo.co.jp/

002202022

ISBN　978-4-407-35488-1

# 短期集中トレーニング

# 日商簿記２級　決算編

## 解答編

詳しい解説がこちらに用意してあります。

https://www.jikkyo.co.jp/d1/02/sho/22nb2kea

※Webページの使用に伴う通信料は自己負担となります。

実教出版

## ウォーミングアップ

(p.1)

| | 借方科目 | 金額 | 貸方科目 | 金額 |
|---|---|---|---|---|
| 1 | 貸倒引当金繰入 | 3,200 | 貸倒引当金 | 3,200 |
| 2 | 仕入 | 490,000 | 繰越商品 | 490,000 |
| | 繰越商品 | 500,000 | 仕入 | 500,000 |
| | 棚卸減耗損 | 20,000 | 繰越商品 | 20,000 |
| | 商品評価損 | 2,400 | 繰越商品 | 2,400 |
| | 仕入 | 20,000 | 棚卸減耗損 | 20,000 |
| | 仕入 | 2,400 | 商品評価損 | 2,400 |
| 3 | 減価償却費 | 112,000 | 備品減価償却累計額 | 102,400 |
| | | | 車両運搬具減価償却累計額 | 9,600 |
| 4 | 有価証券評価損 | 20,000 | 売買目的有価証券 | 20,000 |
| | 満期保有目的債券 | 1,000 | 有価証券利息 | 1,000 |
| 5 | 退職給付費用 | 60,000 | 退職給付引当金 | 60,000 |

## 基本問題 1

(p.2)

**[資料Ⅰ]** 未処理事項

1．(借) 現金 5,000　(貸) 受取配当金 4,000
　　　　　　　　　　　　雑益 1,000

2．(借) 退職給付引当金 120,000　(貸) 仮払金 120,000

3．(借) 貸倒損失 30,000　(貸) 売掛金 30,000

**[資料Ⅱ]** 決算整理事項

1．(借) 仕入 922,000　(貸) 繰越商品 922,000
　　　繰越商品 804,000　　　仕入 804,000
　　　棚卸減耗損 29,000　　　繰越商品 29,000
　　　商品評価損 29,500　　　繰越商品 29,500

2．(借) 売掛金 10,000　(貸) 為替差損益 10,000

3．(借) 貸倒引当金繰入 1,600　(貸) 貸倒引当金 1,600

4．(借) 売買目的有価証券 12,000　(貸) 有価証券評価益 12,000

5．(借) 減価償却費 267,000　(貸) 建物減価償却累計額 75,000
　　　　　　　　　　　　　備品減価償却累計額 192,000

6．(借) 満期保有目的債券 2,000　(貸) 有価証券利息 2,000

7．(借) 退職給付費用 84,500　(貸) 退職給付引当金 84,500

8．(借) 前払保険料 8,000　(貸) 保険料 8,000

### 精　算　表

(単位：円)

| 勘定科目 | 残高試算表 借方 | 残高試算表 貸方 | 修正記入 借方 | 修正記入 貸方 | 損益計算書 借方 | 損益計算書 貸方 | 貸借対照表 借方 | 貸借対照表 貸方 |
|---|---|---|---|---|---|---|---|---|
| 現金 | 87,000 | | 5,000 | | | | 92,000 | |
| 当座預金 | 518,400 | | | | | | 518,400 | |
| 受取手形 | 330,000 | | | | | | 330,000 | |
| 売掛金 | 600,000 | | 10,000 | 30,000 | | | 580,000 | |
| 売買目的有価証券 | 300,000 | | 12,000 | | | | 312,000 | |
| 繰越商品 | 922,000 | | 804,000 | 922,000 | | | 745,500 | |
| | | | | 29,000 | | | | |
| | | | | 29,500 | | | | |
| 仮払金 | 120,000 | | | 120,000 | | | | |
| 建物 | 2,250,000 | | | | | | 2,250,000 | |
| 備品 | 1,500,000 | | | | | | 1,500,000 | |
| 満期保有目的債券 | 490,000 | | 2,000 | | | | 492,000 | |
| 電子記録債務 | | 105,000 | | | | | | 105,000 |
| 買掛金 | | 294,500 | | | | | | 294,500 |
| 退職給付引当金 | | 499,000 | 120,000 | 84,500 | | | | 463,500 |
| 貸倒引当金 | | 7,500 | | 1,600 | | | | 9,100 |
| 建物減価償却累計額 | | 1,200,000 | | 75,000 | | | | 1,275,000 |
| 備品減価償却累計額 | | 540,000 | | 192,000 | | | | 732,000 |
| 資本金 | | 3,000,000 | | | | | | 3,000,000 |
| 繰越利益剰余金 | | 409,800 | | | | | | 409,800 |
| 売上 | | 8,730,000 | | | | 8,730,000 | | |
| 有価証券利息 | | 10,000 | | 2,000 | | 12,000 | | |
| 仕入 | 6,230,000 | | 922,000 | 804,000 | 6,348,000 | | | |
| 給料 | 1,200,000 | | | | 1,200,000 | | | |
| 水道光熱費 | 228,400 | | | | 228,400 | | | |
| 保険料 | 20,000 | | | 8,000 | 12,000 | | | |
| | 14,795,800 | 14,795,800 | | | | | | |
| 受取配当金 | | | | 4,000 | | 4,000 | | |
| 雑益 | | | | 1,000 | | 1,000 | | |
| 貸倒損失 | | | 30,000 | | 30,000 | | | |
| 棚卸減耗損 | | | 29,000 | | 29,000 | | | |
| 商品評価損 | | | 29,500 | | 29,500 | | | |
| (為替差損益) | | | | 10,000 | | 10,000 | | |
| 貸倒引当金(繰入) | | | 1,600 | | 1,600 | | | |
| 減価償却費 | | | 267,000 | | 267,000 | | | |
| 有価証券評価(益) | | | | 12,000 | | 12,000 | | |
| 退職給付費用 | | | 84,500 | | 84,500 | | | |
| (前払)保険料 | | | 8,000 | | | | 8,000 | |
| 当期純(利益) | | | | | 539,000 | | | 539,000 |
| | | | 2,324,600 | 2,324,600 | 8,769,000 | 8,769,000 | 6,827,900 | 6,827,900 |

□ 1つにつき2点。**合計20点。**

**[資料Ⅰ] 未処理事項**

| | | | | | |
|---|---|---|---|---|---|
| 1. | (借) 現金 | 8,820 | (貸) 雑益 | 8,820 |
| 2. | (借) 貸倒引当金 | 20,000 | (貸) 売掛金 | 20,000 |
| 3. | (借) 建物 | 1,620,000 | (貸) 建設仮勘定 | 1,200,000 |
| | | | 当座預金 | 420,000 |

**[資料Ⅱ] 決算整理事項**

| | | | | |
|---|---|---|---|---|
| 1. | (借) 仕入 | 70,800 | (貸) 繰越商品 | 70,800 |
| | 繰越商品 | 108,000 | 仕入 | 108,000 |
| | 棚卸減耗損 | 4,800 | 繰越商品 | 4,800 |
| | 商品評価損 | 4,200 | 繰越商品 | 4,200 |
| 2. | (借) 貸倒引当金繰入 | 8,800 | (貸) 貸倒引当金 | 8,800 |
| 3. | (借) 有価証券評価損 | 2,000 | (貸) 売買目的有価証券 | 2,000 |
| 4. | (借) 減価償却費 | 324,800 | (貸) 建物減価償却累計額 | 216,000 |
| | | | 備品減価償却累計額 | 108,800 |
| 5. | (借) ソフトウェア償却 | 96,000 | (貸) ソフトウェア | 96,000 |
| 6. | (借) 満期保有目的債券 | 5,120 | (貸) 有価証券利息 | 5,120 |
| 7. | (借) 退職給付費用 | 160,000 | (貸) 退職給付引当金 | 160,000 |
| 8. | (借) 前払保険料 | 112,000 | (貸) 保険料 | 112,000 |

## 精　算　表

(単位：円)

| 勘定科目 | 残高試算表 | | 修正記入 | | 損益計算書 | | 貸借対照表 | |
|---|---|---|---|---|---|---|---|---|
| | 借方 | 貸方 | 借方 | 貸方 | 借方 | 貸方 | 借方 | 貸方 |
| 現金 | 67,480 | | 8,820 | | | | 76,300 | |
| 当座預金 | 542,400 | | | 420,000 | | | 122,400 | |
| 電子記録債権 | 370,000 | | | | | | 370,000 | |
| 売掛金 | 490,000 | | | 20,000 | | | 470,000 | |
| 売買目的有価証券 | 72,300 | | | 2,000 | | | 70,300 | |
| 繰越商品 | 70,800 | | 108,000 | 70,800 | | | 99,000 | |
| | | | | 4,800 | | | | |
| | | | | 4,200 | | | | |
| 建物 | 6,900,000 | | 1,620,000 | | | | 8,520,000 | |
| 備品 | 850,000 | | | | | | 850,000 | |
| 建設仮勘定 | 1,200,000 | | | 1,200,000 | | | | |
| ソフトウェア | 240,000 | | | 96,000 | | | 144,000 | |
| 満期保有目的債券 | 779,520 | | 5,120 | | | | 784,640 | |
| 電子記録債務 | | 298,000 | | | | | | 298,000 |
| 買掛金 | | 410,000 | | | | | | 410,000 |
| 退職給付引当金 | | 702,000 | | 160,000 | | | | 862,000 |
| 貸倒引当金 | | 28,000 | 20,000 | 8,800 | | | | 16,800 |
| 建物減価償却累計額 | | 1,449,000 | | 216,000 | | | | 1,665,000 |
| 備品減価償却累計額 | | 306,000 | | 108,800 | | | | 414,800 |
| 資本金 | | 7,000,000 | | | | | | 7,000,000 |
| 利益準備金 | | 450,000 | | | | | | 450,000 |
| 繰越利益剰余金 | | 423,900 | | | | | | 423,900 |
| 売上 | | 6,890,000 | | | | 6,890,000 | | |
| 有価証券利息 | | 9,600 | | 5,120 | | 14,720 | | |
| 仕入 | 5,540,000 | | 70,800 | 108,000 | 5,502,800 | | | |
| 給料 | 396,000 | | | | 396,000 | | | |
| 保険料 | 448,000 | | | 112,000 | 336,000 | | | |
| | 17,966,500 | 17,966,500 | | | | | | |
| (雑　)益 | | | | 8,820 | | 8,820 | | |
| 棚卸減耗損 | | | 4,800 | | 4,800 | | | |
| (商品)評価損 | | | 4,200 | | 4,200 | | | |
| 貸倒引当金(繰入) | | | 8,800 | | 8,800 | | | |
| 有価証券評価(損) | | | 2,000 | | 2,000 | | | |
| 減価償却費 | | | 324,800 | | 324,800 | | | |
| (ソフトウェア)償却 | | | 96,000 | | 96,000 | | | |
| 退職給付費用 | | | 160,000 | | 160,000 | | | |
| (前払)保険料 | | | 112,000 | | | | 112,000 | |
| 当期純(利益) | | | | | 78,140 | | | 78,140 |
| | | | 2,545,340 | 2,545,340 | 6,913,540 | 6,913,540 | 11,618,640 | 11,618,640 |

□ 1つにつき2点。合計20点。

## 基本問題 3

(p.6)

[資料Ⅱ] 未処理事項

| | | | | | |
|---|---|---|---|---|---|
| 1. | (借) 当座預金 | *190,000* | (貸) 売買目的有価証券 | *200,000* |
| | 有価証券売却損 | *10,000* | | |
| 2. | (借) 貸倒損失 | *25,000* | (貸) 売掛金 | *25,000* |
| 3. | (借) 未収入金 | *800,000* | (貸) 未決算 | *1,000,000* |
| | 火災損失 | *200,000* | | |

[資料Ⅲ] 決算整理事項

| | | | | |
|---|---|---|---|---|
| 1. | (借) 貸倒引当金繰入 | *9,400* | (貸) 貸倒引当金 | *9,400* |
| 2. | (借) 仕入 | *359,000* | (貸) 繰越商品 | *359,000* |
| | 繰越商品 | *360,000* | 仕入 | *360,000* |
| | 棚卸減耗損 | *3,600* | 繰越商品 | *3,600* |
| | 仕入 | *3,600* | 棚卸減耗損 | *3,600* |
| 3. | (借) 減価償却費 | *91,440* | (貸) 建物減価償却累計額 | *30,000* |
| | | | 備品減価償却累計額 | *61,440* |
| 4. | (借) ソフトウェア償却 | *120,000* | (貸) ソフトウェア | *120,000* |
| 5. | (借) 満期保有目的債券 | *4,800* | (貸) 有価証券利息 | *4,800* |
| 6. | (借) 退職給付費用 | *260,000* | (貸) 退職給付引当金 | *260,000* |
| 7. | (借) 未収利息 | *4,500* | (貸) 受取利息 | *4,500* |
| 8. | (借) 前払保険料 | *9,600* | (貸) 保険料 | *9,600* |
| 9. | (借) 法人税，住民税及び事業税 | *207,600* | (貸) 仮払法人税等 | *85,000* |
| | | | 未払法人税等 | *122,600* |

### 損益計算書

自×4年4月1日　至×5年3月31日　(単位：円)

| | | |
|---|---|---|
| Ⅰ 売上高 | | 6,597,000 |
| Ⅱ 売上原価 | | |
| 1 期首商品棚卸高 | ( *359,000*) | |
| 2 当期商品仕入高 | ( *4,150,000*) | |
| 合計 | ( *4,509,000*) | |
| 3 期末商品棚卸高 | ( *360,000*) | |
| 差引 | ( *4,149,000*) | |
| 4 (棚卸減耗損) | ( *3,600*) | ( *4,152,600*) |
| (売上総利益) | | ( *2,444,400*) |
| Ⅲ 販売費及び一般管理費 | | |
| 1 給料 | 667,200 | |
| 2 貸倒引当金繰入 | ( *9,400*) | |
| 3 貸倒損失 | ( *25,000*) | |
| 4 減価償却費 | ( *91,440*) | |
| 5 退職給付費用 | ( *260,000*) | |
| 6 保険料 | ( *46,400*) | |
| 7 支払地代 | 480,000 | |
| 8 (ソフトウェア償却) | ( *120,000*) | ( *1,699,440*) |
| (営業利益) | | ( *744,960*) |
| Ⅳ 営業外収益 | | |
| 1 受取利息・配当金 | ( *9,840*) | |
| 2 有価証券利息 | ( *19,200*) | ( *29,040*) |
| Ⅴ 営業外費用 | | |
| 1 手形売却損 | 1,000 | |
| 2 (有価証券売却損) | ( *10,000*) | ( *11,000*) |
| (経常利益) | | ( *763,000*) |
| Ⅵ 特別利益 | | |
| 1 固定資産売却益 | ( *129,000*) | ( *129,000*) |
| Ⅶ 特別損失 | | |
| 1 (火災損失) | ( *200,000*) | ( *200,000*) |
| 税引前当期純利益 | | ( *692,000*) |
| 法人税，住民税及び事業税 | | ( *207,600*) |
| (当期純利益) | | ( *484,400*) |

□ 1つにつき2点。**合計20点。**

## 基本問題 4

(p.8)

**[資料Ⅱ]** 未処理事項

| | | | | |
|---|---|---|---|---|
| 1. | (借) 現金預金 | *112,000* | (貸) 受取手形 | *120,000* |
| | 手形売却損 | *8,000* | | |
| 2. | (借) リース債務 | *240,000* | (貸) 現金預金 | *240,000* |

**[資料Ⅲ]** 決算整理事項

| | | | | |
|---|---|---|---|---|
| 1. | (借) 貸倒引当金繰入 | *15,400* | (貸) 貸倒引当金 | *15,400* |
| 2. | (借) 棚卸減耗損 | *8,000* | (貸) 商品 | *8,000* |
| | 商品評価損 | *4,400* | 商品 | *4,400* |
| | 売上原価 | *8,000* | 棚卸減耗損 | *8,000* |
| | 売上原価 | *4,400* | 商品評価損 | *4,400* |
| 3. | (借) 減価償却費 | *570,000* | (貸) 建物減価償却累計額 | *150,000* |
| | | | 備品減価償却累計額 | *180,000* |
| | | | リース資産減価償却累計額 | *240,000* |
| 4. | (借) 特許権償却 | *120,000* | (貸) 特許権 | *120,000* |
| 5. | (借) 満期保有目的債券 | *2,400* | (貸) 有価証券利息 | *2,400* |
| 6. | (借) 退職給付費用 | *60,000* | (貸) 退職給付引当金 | *60,000* |
| 7. | (借) 支払利息 | *13,500* | (貸) 未払利息 | *13,500* |
| 8. | (借) 法人税，住民税及び事業税 | *183,000* | (貸) 仮払法人税等 | *72,000* |
| | | | 未払法人税等 | *111,000* |
| 9. | (借) 繰延税金資産 | *9,000* | (貸) 法人税等調整額 | *9,000* |

### 損益計算書

自×4年4月1日　至×5年3月31日　　(単位：円)

| | | |
|---|---|---|
| Ⅰ 売上高 | | 10,873,000 |
| Ⅱ 売上原価 | | |
| 1 期首商品棚卸高 | 420,000 | |
| 2 当期商品仕入高 | ( *7,760,000*) | |
| 合計 | ( *8,180,000*) | |
| 3 期末商品棚卸高 | 360,000 | |
| 差引 | ( *7,820,000*) | |
| 4 棚卸減耗損 | ( *8,000*) | |
| 5 (商品評価損) | ( *4,400*) | ( *7,832,400*) |
| (売上総利益) | | ( *3,040,600*) |
| Ⅲ 販売費及び一般管理費 | | |
| 1 給料 | 1,080,000 | |
| 2 貸倒引当金繰入 | ( *15,400*) | |
| 3 貸倒損失 | 25,000 | |
| 4 減価償却費 | ( *570,000*) | |
| 5 退職給付費用 | ( *60,000*) | |
| 6 (特許権償却) | ( *120,000*) | |
| 7 営業費 | 380,100 | ( *2,250,500*) |
| (営業利益) | | ( *790,100*) |
| Ⅳ 営業外収益 | | |
| 1 有価証券利息 | ( *11,400*) | ( *11,400*) |
| Ⅴ 営業外費用 | | |
| 1 支払利息 | ( *13,500*) | |
| 2 (手形売却損) | ( *8,000*) | ( *21,500*) |
| (経常利益) | | ( *780,000*) |
| Ⅵ 特別損失 | | |
| 1 火災損失 | 200,000 | 200,000 |
| 税引前当期純利益 | | ( *580,000*) |
| 法人税，住民税及び事業税 | ( *183,000*) | |
| (法人税等調整額) | ( △ *9,000*) | ( *174,000*) |
| (当期純利益) | | ( *406,000*) |

□ 1つにつき2点。**合計20点。**

## 基本問題 5 (p.10)

**[資料Ⅱ]** 未処理事項

1.

| | 借方科目 | 金額 | | 貸方科目 | 金額 |
|---|---|---|---|---|---|
| (1)(借) | 当座預金(現金預金) | 163,000 | (貸) | 未払金 | 163,000 |
| (2)(借) | 当座預金(現金預金) | 60,000 | (貸) | 売掛金 | 60,000 |
| (3) | 仕訳なし | | | | |
| 2.(借) | 建物 | 1,800,000 | (貸) | 建設仮勘定 | 1,200,000 |
| | | | | 現金(現金預金) | 600,000 |

**[資料Ⅲ]** 決算整理事項

| | 借方科目 | 金額 | | 貸方科目 | 金額 |
|---|---|---|---|---|---|
| 1.(借) | 仕入 | 1,797,000 | (貸) | 繰越商品 | 1,797,000 |
| | 繰越商品 | 1,900,000 | | 仕入 | 1,900,000 |
| | 棚卸減耗損 | 48,000 | | 繰越商品 | 48,000 |
| | 商品評価損 | 60,000 | | 繰越商品 | 60,000 |
| 2.(借) | 為替差損益 | 30,000 | (貸) | 売掛金 | 30,000 |
| (借) | 買掛金 | 24,000 | (貸) | 為替差損益 | 24,000 |
| 3.(借) | 貸倒引当金繰入 | 26,200 | (貸) | 貸倒引当金 | 26,200 |
| 4.(借) | 減価償却費 | 589,000 | (貸) | 建物減価償却累計額 | 205,000 |
| | | | | 備品減価償却累計額 | 384,000 |
| 5.(借) | 満期保有目的債券 | 9,000 | (貸) | 有価証券利息 | 9,000 |
| 6.(借) | 退職給付費用 | 462,500 | (貸) | 退職給付引当金 | 462,500 |
| 7.(借) | 支払利息 | 9,600 | (貸) | 未払利息(未払費用) | 9,600 |
| 8.(借) | 法人税，住民税及び事業税 | 623,000 | (貸) | 仮払法人税等 | 335,000 |
| | | | | 未払法人税等 | 288,000 |

### 貸借対照表

×2年3月31日　(単位：円)

| 資産の部 | | | 負債の部 | |
|---|---|---|---|---|
| Ⅰ 流動資産 | | | Ⅰ 流動負債 | |
| 現金預金 | | (3,708,300) | 支払手形 | 950,000 |
| 受取手形 | (1,100,000) | | 買掛金 | (1,876,000) |
| 貸倒引当金 | (22,000) | (1,078,000) | (未払金) | (163,000) |
| 売掛金 | (1,960,000) | | 未払法人税等 | (288,000) |
| 貸倒引当金 | (39,200) | (1,920,800) | 未払費用 | (9,600) |
| 商品 | | (1,792,000) | Ⅱ 固定負債 | |
| Ⅱ 固定資産 | | | 長期借入金 | 2,400,000 |
| 建物 | (7,800,000) | | 退職給付引当金 | (1,762,500) |
| 減価償却累計額 | (4,205,000) | (3,595,000) | 負債合計 | (7,449,100) |
| 備品 | (3,000,000) | | 純資産の部 | |
| 減価償却累計額 | (1,464,000) | (1,536,000) | 資本金 | 7,000,000 |
| 満期保有目的債券 | | (2,964,000) | 利益準備金 | 300,000 |
| | | | 繰越利益剰余金 | (1,845,000) |
| | | | 純資産合計 | (9,145,000) |
| 資産合計 | | (16,594,100) | 負債・純資産合計 | (16,594,100) |

□ 1つにつき2点。**合計20点。**

## 基本問題 6 (p.12)

[資料Ⅱ] 未処理事項

| | | 借方科目 | 金額 | | 貸方科目 | 金額 |
|---|---|---|---|---|---|---|
| 1. | (借) | 仮払法人税等 | 6,000 | (貸) | 受取利息 | 6,000 |
| 2. | (借) | 買掛金 | 350,000 | (貸) | 電子記録債務 | 350,000 |

[資料Ⅲ] 決算整理事項

| | | 借方科目 | 金額 | | 貸方科目 | 金額 |
|---|---|---|---|---|---|---|
| 1. | (借) | 貸倒引当金繰入 | 23,000 | (貸) | 貸倒引当金 | 23,000 |
| 2. | (借) | 仕入 | 1,501,000 | (貸) | 繰越商品 | 1,501,000 |
| | | 繰越商品 | 1,250,000 | | 仕入 | 1,250,000 |
| | | 棚卸減耗損 | 40,000 | | 繰越商品 | 40,000 |
| 3. | (借) | 未払費用 | 144,000 | (貸) | 給料 | 43,000 |
| | | | | | 水道光熱費 | 101,000 |
| | (借) | 給料 | 46,000 | (貸) | 未払費用 | 162,000 |
| | | 水道光熱費 | 116,000 | | | |
| 4. | (借) | 保険料 | 3,600 | (貸) | 長期前払費用 | 18,000 |
| | | 前払費用 | 14,400 | | | |
| 5. | (借) | 支払利息 | 45,000 | (貸) | 未払費用 | 45,000 |
| 6. | (借) | 減価償却費 | 312,500 | (貸) | 建物減価償却累計額 | 4,500 |
| | | | | | 備品減価償却累計額 | 8,000 |
| | | | | | リース資産減価償却累計額 | 300,000 |
| 7. | (借) | 短期貸付金 | 100,000 | (貸) | 長期貸付金 | 100,000 |
| 8. | (借) | 退職給付費用 | 120,000 | (貸) | 退職給付引当金 | 120,000 |
| 9. | (借) | 法人税、住民税及び事業税 | 170,000 | (貸) | 仮払法人税等 | 86,000 |
| | | | | | 未払法人税等 | 84,000 |

### 貸借対照表

×2年3月31日

(単位：円)

| 資産の部 | | 負債の部 | |
|---|---|---|---|
| Ⅰ 流動資産 | | Ⅰ 流動負債 | |
| 現金預金 | ( 2,362,300) | 電子記録債務 | ( 1,130,000) |
| 電子記録債権 | ( 1,502,000) | 買掛金 | ( 2,150,000) |
| 売掛金 | ( 1,398,000) | (リース債務) | ( 400,000) |
| 商品 | ( 1,210,000) | 未払費用 | ( 207,000) |
| (短期貸付金) | ( 100,000) | 未払法人税等 | ( 84,000) |
| 前払費用 | ( 14,400) | 流動負債合計 | ( 3,971,000) |
| 貸倒引当金 | (△ 29,000) | | |
| 流動資産合計 | ( 6,557,700) | | |
| Ⅱ 固定資産 | | Ⅱ 固定負債 | |
| 有形固定資産 | | リース債務 | ( 1,200,000) |
| 建物 | ( 1,620,000) | 退職給付引当金 | ( 1,297,000) |
| 減価償却累計額 | (△ 864,000) | 固定負債合計 | ( 2,497,000) |
| 備品 | ( 800,000) | 負債合計 | ( 6,468,000) |
| 減価償却累計額 | (△ 462,500) | | |
| リース資産 | ( 1,600,000) | | |
| 減価償却累計額 | (△ 300,000) | 純資産の部 | |
| 土地 | ( 3,562,000) | Ⅰ 資本金 | ( 4,000,000) |
| 有形固定資産合計 | ( 5,955,500) | Ⅱ 資本準備金 | ( 1,000,000) |
| 投資その他の資産 | | Ⅲ 利益剰余金 | |
| 長期貸付金 | ( 500,000) | 利益準備金 | ( 120,000) |
| 長期前払費用 | ( 25,200) | 繰越利益剰余金 | ( 1,450,400) |
| 投資その他の資産合計 | ( 525,200) | 利益剰余金合計 | ( 1,570,400) |
| 固定資産合計 | ( 6,480,700) | 純資産合計 | ( 6,570,400) |
| 資産合計 | ( 13,038,400) | 負債及び純資産合計 | ( 13,038,400) |

□ 1つにつき2点。合計20点。

## 応用問題 1

(p.14)

**[資料Ⅰ]** 未処理事項

1.

| | | | | | |
|---|---|---|---|---|---|
| (1)(借) | 受取手形 | 270,000 | (貸) | 現金預金 | 270,000 |
| (2) | | 仕訳なし | | | |
| (3)(借) | 現金預金 | 60,000 | (貸) | 買掛金 | 60,000 |
| (4)(借) | 現金預金 | 200,000 | (貸) | 国庫補助金受贈益 | 200,000 |
| 2.(借) | 建物 | 1,280,000 | (貸) | 建設仮勘定 | 1,000,000 |
| | | | | 現金預金 | 280,000 |
| 3.(借) | 固定資産圧縮損 | 200,000 | (貸) | 建物 | 200,000 |
| 4.(借) | 売上 | 140,000 | (貸) | 契約負債 | 140,000 |
| | 商品 | 100,000 | | 売上原価 | 100,000 |

**[資料Ⅱ]** 決算整理事項

| | | | | | |
|---|---|---|---|---|---|
| 1.(借) | 棚卸減耗損 | 50,000 | (貸) | 商品 | 50,000 |
| | 商品評価損 | 115,000 | | 商品 | 115,000 |
| 2.(借) | 貸倒引当金繰入 | 116,000 | (貸) | 貸倒引当金 | 116,000 |
| 3.(借) | 子会社株式評価損 | 500,000 | (貸) | 子会社株式 | 500,000 |
| (借) | その他有価証券 | 130,000 | (貸) | その他有価証券評価差額金 | 130,000 |
| 4.(借) | 満期保有目的債券 | 4,000 | (貸) | 有価証券利息 | 4,000 |
| (借) | 未収有価証券利息 | 2,000 | (貸) | 有価証券利息 | 2,000 |
| 5.(借) | 減価償却費 | 378,000 | (貸) | 建物減価償却累計額 | 243,000 |
| | | | | 備品減価償却累計額 | 135,000 |
| 6.(借) | 為替差損益 | 15,000 | (貸) | 買掛金 | 15,000 |
| 7.(借) | 退職給付費用 | 246,000 | (貸) | 退職給付引当金 | 246,000 |
| 8.(借) | 前払保険料 | 33,600 | (貸) | 保険料 | 33,600 |

### 精　算　表

(単位：円)

| 勘定科目 | 残高試算表 | | 修正記入 | | 損益計算書 | | 貸借対照表 | |
|---|---|---|---|---|---|---|---|---|
| | 借方 | 貸方 | 借方 | 貸方 | 借方 | 貸方 | 借方 | 貸方 |
| 現金預金 | 2,257,400 | | 60,000 | 270,000 | | | 1,967,400 | |
| | | | 200,000 | 280,000 | | | | |
| 受取手形 | 3,150,000 | | 270,000 | | | | 3,420,000 | |
| 売掛金 | 3,780,000 | | | | | | 3,780,000 | |
| 商品 | 1,100,000 | | 100,000 | 50,000 | | | 1,035,000 | |
| | | | | 115,000 | | | | |
| 建設仮勘定 | 1,000,000 | | | 1,000,000 | | | | |
| 建物 | 7,200,000 | | 1,280,000 | 200,000 | | | 8,280,000 | |
| 備品 | 1,280,000 | | | | | | 1,280,000 | |
| 満期保有目的債券 | 1,971,000 | | 4,000 | | | | 1,975,000 | |
| 子会社株式 | 980,000 | | | 500,000 | | | 480,000 | |
| その他有価証券 | 1,890,000 | | 130,000 | | | | 2,020,000 | |
| 支払手形 | | 2,366,000 | | | | | | 2,366,000 |
| 買掛金 | | 2,729,000 | | 60,000 | | | | 2,804,000 |
| | | | | 15,000 | | | | |
| 退職給付引当金 | | 1,037,000 | | 246,000 | | | | 1,283,000 |
| 貸倒引当金 | | 86,000 | | 116,000 | | | | 202,000 |
| 建物減価償却累計額 | | 2,640,000 | | 243,000 | | | | 2,883,000 |
| 備品減価償却累計額 | | 740,000 | | 135,000 | | | | 875,000 |
| 資本金 | | 12,000,000 | | | | | | 12,000,000 |
| 繰越利益剰余金 | | 1,023,000 | | | | | | 1,023,000 |
| 売上 | | 8,793,000 | 140,000 | | | 8,653,000 | | |
| 受取配当金 | | 8,000 | | | | 8,000 | | |
| 有価証券利息 | | 6,000 | | 4,000 | | 12,000 | | |
| | | | | 2,000 | | | | |
| 売上原価 | 5,064,000 | | | 100,000 | 4,964,000 | | | |
| 給料 | 1,476,000 | | | | 1,476,000 | | | |
| 水道光熱費 | 197,200 | | | | 197,200 | | | |
| 保険料 | 82,400 | | | 33,600 | 48,800 | | | |
| | 31,428,000 | 31,428,000 | | | | | | |
| 国庫補助金受贈益 | | | | 200,000 | | 200,000 | | |
| 固定資産(圧縮損) | | | 200,000 | | 200,000 | | | |
| 契約負債 | | | | 140,000 | | | | 140,000 |
| 棚卸減耗損 | | | 50,000 | | 50,000 | | | |
| 商品評価損 | | | 115,000 | | 115,000 | | | |
| 貸倒引当金(繰入) | | | 116,000 | | 116,000 | | | |
| (子会社株式)評価損 | | | 500,000 | | 500,000 | | | |
| その他有価証券評価(差額金) | | | | 130,000 | | | | 130,000 |
| (未収)有価証券利息 | | | 2,000 | | | | 2,000 | |
| 減価償却費 | | | 378,000 | | 378,000 | | | |
| 為替差損益 | | | 15,000 | | 15,000 | | | |
| 退職給付費用 | | | 246,000 | | 246,000 | | | |
| (前払)保険料 | | | 33,600 | | | | 33,600 | |
| 当期純(利益) | | | | | 567,000 | | | 567,000 |
| | | | 3,839,600 | 3,839,600 | 8,873,000 | 8,873,000 | 24,273,000 | 24,273,000 |

□ 1つにつき2点。**合計20点。**

## 応用問題 2 (p.16)

[資料Ⅱ] 未処理事項

| | | | | | |
|---|---|---|---|---|---|
| 1. | (借) 修繕引当金 | 100,000 | (貸) 建物 | 250,000 |
| | 修繕費 | 150,000 | | |
| 2. | (借) 固定資産圧縮損 | 200,000 | (貸) 備品 | 200,000 |
| 3. | (借) 貸倒引当金 | 20,000 | (貸) 売掛金 | 60,000 |
| | 貸倒損失 | 40,000 | | |

[資料Ⅲ] 決算整理事項

| | | | | |
|---|---|---|---|---|
| 1. | (借) 仕入 | 3,985,000 | (貸) 繰越商品 | 3,985,000 |
| | 繰越商品 | 4,200,000 | 仕入 | 4,200,000 |
| | 棚卸減耗損 | 180,000 | 繰越商品 | 180,000 |
| | 商品評価損 | 100,000 | 繰越商品 | 100,000 |
| | 仕入 | 180,000 | 棚卸減耗損 | 180,000 |
| | 仕入 | 100,000 | 商品評価損 | 100,000 |
| 2. | (借) 売掛金 | 14,000 | (貸) 為替差損益 | 14,000 |
| 3. | (借) 貸倒引当金繰入 | 72,000 | (貸) 貸倒引当金 | 72,000 |
| | (借) 繰延税金資産 | 2,400 | (貸) 法人税等調整額 | 2,400 |
| 4. | (借) 減価償却費 | 294,000 | (貸) 建物減価償却累計額 | 180,000 |
| | | | 備品減価償却累計額 | 114,000 |
| | (借) 繰延税金資産 | 9,000 | (貸) 法人税等調整額 | 9,000 |
| 5. | (借) 支払リース料 | 36,000 | (貸) 未払リース料 | 36,000 |
| 6. | (借) 有価証券評価損 | 260,000 | (貸) 売買目的有価証券 | 260,000 |
| 7. | (借) 前払保険料 | 66,000 | (貸) 保険料 | 66,000 |
| 8. | (借) 未収利息 | 100,000 | (貸) 受取利息 | 100,000 |
| 9. | (借) 法人税, 住民税及び事業税 | 649,800 | (貸) 仮払法人税等 | 380,000 |
| | | | 未払法人税等 | 269,800 |

### 損益計算書

自×7年4月1日 至×8年3月31日 (単位：円)

| | | |
|---|---|---|
| Ⅰ 売上高 | | 43,940,900 |
| Ⅱ 売上原価 | | |
| 1 期首商品棚卸高 | 3,985,000 | |
| 2 当期商品仕入高 | 30,265,000 | |
| 合計 | (34,250,000) | |
| 3 期末商品棚卸高 | (4,200,000) | |
| 差引 | (30,050,000) | |
| 4 棚卸減耗損 | (180,000) | |
| 5 (商品評価損) | (100,000) | (30,330,000) |
| (売上総利益) | | (13,610,900) |
| Ⅲ 販売費及び一般管理費 | | |
| 1 給料 | 9,910,000 | |
| 2 貸倒引当金繰入 | (72,000) | |
| 3 貸倒損失 | (40,000) | |
| 4 減価償却費 | (294,000) | |
| 5 水道光熱費 | 256,960 | |
| 6 修繕費 | (170,000) | |
| 7 保険料 | (390,000) | |
| 8 (支払リース料) | (36,000) | (11,168,960) |
| (営業利益) | | (2,441,940) |
| Ⅳ 営業外収益 | | |
| 1 受取利息 | (100,000) | |
| 2 (為替差益) | (134,060) | (234,060) |
| Ⅴ 営業外費用 | | |
| 1 有価証券売却損 | 288,000 | |
| 2 (有価証券評価損) | (260,000) | (548,000) |
| (経常利益) | | (2,128,000) |
| Ⅵ 特別利益 | | |
| 1 国庫補助金受贈益 | 200,000 | 200,000 |
| Ⅶ 特別損失 | | |
| 1 (固定資産圧縮損) | (200,000) | (200,000) |
| 税引前当期純利益 | | (2,128,000) |
| 法人税, 住民税及び事業税 | (649,800) | |
| (法人税等調整額) | (△ 11,400) | (638,400) |
| (当期純利益) | | (1,489,600) |

□ 1つにつき2点。合計20点。

## 応用問題 3 (p.18)

[資料2] 未処理事項

1.

| | | | | | |
|---|---|---|---|---|---|
| (1) | 仕訳なし | | | | |
| (2)(借) | 現金預金 | *120,000* | (貸) | 売掛金 | *120,000* |
| (3)(借) | 現金預金 | *50,000* | (貸) | 未払金 | *50,000* |

2.

| | | | | | |
|---|---|---|---|---|---|
| (借) | リース債務 | *360,000* | (貸) | 仮払金 | *372,000* |
| | 支払利息 | *12,000* | | | |

[資料3] 決算整理事項

| | | | | | | |
|---|---|---|---|---|---|---|
| 1. | (借) | 仕入 | *7,200,000* | (貸) | 繰越商品 | *7,200,000* |
| | | 繰越商品 | *7,500,000* | | 仕入 | *7,500,000* |
| | | 棚卸減耗損 | *210,000* | | 繰越商品 | *210,000* |
| | | 商品評価損 | *180,000* | | 繰越商品 | *180,000* |
| 2. | (借) | 貸倒引当金繰入 | *136,000* | (貸) | 貸倒引当金 | *136,000* |
| 3. | (借) | 減価償却費 | *1,420,000* | (貸) | 建物減価償却累計額 | *400,000* |
| | | | | | 備品減価償却累計額 | *1,020,000* |
| 4. | (借) | 減価償却費 | *360,000* | (貸) | リース資産減価償却累計額 | *360,000* |
| 5. | (借) | ソフトウェア償却 | *432,000* | (貸) | ソフトウェア | *432,000* |
| 6. | (借) | 満期保有目的債券 | *9,600* | (貸) | 有価証券利息 | *9,600* |
| 7. | (借) | 貸倒引当金繰入 | *200,000* | (貸) | 貸倒引当金 | *200,000* |
| 8. | (借) | その他有価証券 | *300,000* | (貸) | その他有価証券評価差額金 | *210,000* |
| | | | | | 繰延税金負債 | *90,000* |
| 9. | (借) | 法人税，住民税及び事業税 | *2,366,700* | (貸) | 仮払法人税等 | *1,000,000* |
| | | | | | 未払法人税等 | *1,366,700* |
| | (借) | 繰延税金資産 | *138,300* | (貸) | 法人税等調整額 | *138,300* |

10. 繰延税金資産￥*315,300*から繰延税金負債￥*90,000*を差し引いた純額￥*225,300*を，固定資産に繰延税金資産として表示する。

### 貸借対照表

×5年3月31日　(単位：円)

| | | |
|---|---|---|
| **資産の部** | | |
| Ⅰ 流動資産 | | |
| 現金及び預金 | | ( *4,504,000*) |
| 売掛金 | ( *8,600,000*) | |
| 貸倒引当金 | ( *172,000*) | ( *8,428,000*) |
| 商品 | | ( *7,110,000*) |
| 流動資産合計 | | ( *20,042,000*) |
| Ⅱ 固定資産 | | |
| 建物 | 12,000,000 | |
| 減価償却累計額 | ( *4,400,000*) | ( *7,600,000*) |
| 備品 | 6,120,000 | |
| 減価償却累計額 | ( *3,060,000*) | ( *3,060,000*) |
| リース資産 | 1,800,000 | |
| 減価償却累計額 | ( *360,000*) | ( *1,440,000*) |
| ソフトウェア | | ( *864,000*) |
| (投資有価証券) | | ( *4,276,000*) |
| 長期貸付金 | 2,000,000 | |
| 貸倒引当金 | ( *200,000*) | ( *1,800,000*) |
| (繰延税金資産) | | ( *225,300*) |
| 固定資産合計 | | ( *19,265,300*) |
| 資産合計 | | ( *39,307,300*) |
| **負債の部** | | |
| Ⅰ 流動負債 | | |
| 買掛金 | | 7,550,000 |
| 未払金 | | ( *63,000*) |
| 未払法人税等 | | ( *1,366,700*) |
| (リース債務) | | ( *360,000*) |
| 流動負債合計 | | ( *9,339,700*) |
| Ⅱ 固定負債 | | |
| (リース債務) | | ( *1,080,000*) |
| 固定負債合計 | | ( *1,080,000*) |
| 負債合計 | | ( *10,419,700*) |
| **純資産の部** | | |
| Ⅰ 株主資本 | | |
| 資本金 | | 20,000,000 |
| 繰越利益剰余金 | | ( *8,677,600*) |
| 株主資本合計 | | ( *28,677,600*) |
| Ⅱ 評価・換算差額等 | | |
| その他有価証券評価差額金 | | ( *210,000*) |
| 評価・換算差額等合計 | | ( *210,000*) |
| 純資産合計 | | ( *28,887,600*) |
| 負債・純資産合計 | | ( *39,307,300*) |

□ 1つにつき2点。**合計20点。**

## 応用問題 4

(p.20)

**[資料Ⅱ]** 未処理事項

| | | | | |
|---|---|---|---|---|
| 1. | (借) 退職給付引当金 | 63,000 | (貸) 仮払金 | 63,000 |
| 2. | (借) 現金預金 | 190,000 | (貸) 土地 | 120,000 |
| | | | 固定資産売却益 | 70,000 |
| 3. | (借) 売上 | 25,000 | (貸) 売掛金 | 25,000 |
| 4. | (借) 現金預金 | 91,800 | (貸) 売掛金 | 90,000 |
| | | | 為替差損益 | 1,800 |

**[資料Ⅲ]** 決算整理事項

| | | | | |
|---|---|---|---|---|
| 1. | (借) 貸倒引当金繰入 | 135,020 | (貸) 貸倒引当金 | 135,020 |
| 2. | (借) 為替差損益 | 5,400 | (貸) 買掛金 | 5,400 |
| 3. | (借) 未払費用 | 485,000 | (貸) 給料 | 430,000 |
| | | | 水道光熱費 | 55,000 |
| | (借) 給料 | 385,000 | (貸) 未払費用 | 433,000 |
| | 水道光熱費 | 48,000 | | |
| 4. | (借) 仕入 | 1,598,000 | (貸) 繰越商品 | 1,598,000 |
| | 繰越商品 | 1,615,000 | 仕入 | 1,615,000 |
| | 棚卸減耗損 | 13,000 | 繰越商品 | 13,000 |
| | 商品評価損 | 22,500 | 繰越商品 | 22,500 |
| | 仕入 | 13,000 | 棚卸減耗損 | 13,000 |
| | 仕入 | 22,500 | 商品評価損 | 22,500 |
| 5. | (借) 支払利息 | 6,000 | (貸) 前払費用 | 6,000 |
| 6. | (借) 減価償却費 | 7,300 | (貸) 建物減価償却累計額 | 3,800 |
| | | | 備品減価償却累計額 | 3,500 |
| 7. | (借) 退職給付費用 | 90,000 | (貸) 退職給付引当金 | 90,000 |
| 8. | (借) 法人税，住民税及び事業税 | 245,000 | (貸) 仮払法人税等 | 102,000 |
| | | | 未払法人税等 | 143,000 |

### 損益計算書

自×6年4月1日　至×7年3月31日　(単位：円)

| | | |
|---|---|---|
| Ⅰ 売上高 | | (15,664,100) |
| Ⅱ 売上原価 | | |
| 1 期首商品棚卸高 | (1,598,000) | |
| 2 当期商品仕入高 | (10,460,000) | |
| 合計 | (12,058,000) | |
| 3 期末商品棚卸高 | (1,615,000) | |
| 差引 | (10,443,000) | |
| 4 棚卸減耗損 | (13,000) | |
| 5 (商品評価損) | (22,500) | (10,478,500) |
| (売上総利益) | | (5,185,600) |
| Ⅲ 販売費及び一般管理費 | | |
| 1 給料 | (3,582,000) | |
| 2 水道光熱費 | (343,000) | |
| 3 保険料 | 148,380 | |
| 4 減価償却費 | (87,600) | |
| 5 貸倒引当金繰入 | (135,020) | |
| 6 退職給付費用 | (90,000) | (4,386,000) |
| (営業利益) | | (799,600) |
| Ⅳ 営業外収益 | | |
| 1 有価証券売却益 | 20,000 | 20,000 |
| Ⅴ 営業外費用 | | |
| 1 支払利息 | (72,000) | |
| 2 (為替差損) | (3,600) | (75,600) |
| (経常利益) | | (744,000) |
| Ⅵ 特別利益 | | |
| 1 (固定資産売却益) | (70,000) | (70,000) |
| Ⅶ 特別損失 | | |
| 1 (固定資産除却損) | (4,000) | (4,000) |
| 税引前当期純利益 | | (810,000) |
| 法人税，住民税及び事業税 | | (245,000) |
| (当期純利益) | | (565,000) |

□ 1つにつき2点。合計20点。

## 応用問題 5 (p.22)

**[資料Ⅱ]** 未処理事項

| | | | | | | |
|---|---|---|---|---|---|---|
| 1. | (借) | 売上 | 120,000 | (貸) | 契約負債 | 120,000 |
| 2. | (借) | 売掛金 | 450,000 | (貸) | 売上 | 180,000 |
| | | | | | 契約資産 | 270,000 |

**[資料Ⅲ]** 決算整理事項

| | | | | | | |
|---|---|---|---|---|---|---|
| 1. | (借) | 貸倒引当金繰入 | 41,200 | (貸) | 貸倒引当金 | 41,200 |
| 2. | (借) | 仕入 | 105,000 | (貸) | 買掛金 | 105,000 |
| | (借) | 仕入 | 916,000 | (貸) | 繰越商品 | 916,000 |
| | | 繰越商品 | 1,009,000 | | 仕入 | 1,009,000 |
| | | 棚卸減耗損 | 31,000 | | 繰越商品 | 31,000 |
| 3. | (借) | 売買目的有価証券 | 27,000 | (貸) | 有価証券評価益 | 27,000 |
| 4. | (借) | 前払保険料<br>(前払費用) | 72,000 | (貸) | 保険料 | 210,000 |
| | | 長期前払保険料<br>(長期前払費用) | 138,000 | | | |
| 5. | (借) | 減価償却費 | 23,000 | (貸) | 建物減価償却累計額 | 15,500 |
| | | | | | 備品減価償却累計額 | 7,500 |
| 6. | (借) | 商標権償却 | 25,000 | (貸) | 商標権 | 25,000 |
| 7. | (借) | 前払利息<br>(前払費用) | 11,000 | (貸) | 支払利息 | 11,000 |
| | (借) | 借入金 | 2,000,000 | (貸) | 短期借入金 | 500,000 |
| | | | | | 長期借入金 | 1,500,000 |
| 8. | (借) | 法人税，住民税及び事業税 | 284,100 | (貸) | 仮払法人税等 | 123,000 |
| | | | | | 未払法人税等 | 161,100 |
| | (借) | 繰延税金資産 | 4,500 | (貸) | 法人税等調整額 | 4,500 |

### 貸借対照表

×8年3月31日 (単位：円)

| 資産の部 | | 負債の部 | |
|---|---|---|---|
| Ⅰ 流動資産 | | Ⅰ 流動負債 | |
| 現金預金 | (1,111,700) | 支払手形 | (896,000) |
| 売掛金 | (1,100,000) | 買掛金 | (1,205,000) |
| 契約資産 | (270,000) | (契約負債) | (220,000) |
| 有価証券 | (315,000) | 短期借入金 | (500,000) |
| 商品 | (978,000) | 未払法人税等 | (161,100) |
| 前払費用 | (83,000) | 流動負債合計 | (2,982,100) |
| 貸倒引当金 | (△ 51,700) | | |
| 流動資産合計 | (3,806,000) | | |
| Ⅱ 固定資産 | | | |
| 有形固定資産 | | Ⅱ 固定負債 | |
| 建物 | (3,000,000) | 長期借入金 | (1,500,000) |
| 減価償却累計額 | (△ 1,367,500) | 固定負債合計 | (1,500,000) |
| 備品 | (640,000) | 負債合計 | (4,482,100) |
| 減価償却累計額 | (△ 370,000) | | |
| 土地 | (1,000,000) | | |
| 有形固定資産合計 | (2,902,500) | | |
| 無形固定資産 | | | |
| 商標権 | (125,000) | 純資産の部 | |
| 無形固定資産合計 | (125,000) | Ⅰ 資本金 | (2,500,000) |
| 投資その他の資産 | | Ⅱ 資本準備金 | (500,000) |
| 関係会社株式 | (1,500,000) | Ⅲ 利益剰余金 | |
| (長期前払費用) | (138,000) | 利益準備金 | (105,000) |
| 繰延税金資産 | (16,500) | 繰越利益剰余金 | (900,900) |
| 投資その他の資産合計 | (1,654,500) | 利益剰余金合計 | (1,005,900) |
| 固定資産合計 | (4,682,000) | 純資産合計 | (4,005,900) |
| 資産合計 | (8,488,000) | 負債及び純資産合計 | (8,488,000) |

□ 1つにつき2点。**合計20点。**

## 応用問題 6

(p.24)

**[資料2]** ×3年3月中の取引および決算整理に関する事項 (単位：千円)

| | 借方 | 金額 | 貸方 | 金額 |
|---|---|---|---|---|
| 1. | (借) 材料 | 300,000 | (貸) 買掛金 | 300,000 |
| | (借) 仕掛品 | 225,000 | (貸) 材料 | 287,000 |
| | 製造間接費 | 62,000 | | |
| | (借) 仕掛品 | 250,000 | (貸) 現金預金 | 250,000 |
| | (借) 仕掛品 | 275,000 | (貸) 製造間接費 | 275,000 |
| | (借) 製造間接費 | 102,000 | (貸) 現金預金 | 102,000 |
| | (借) 製品 | 700,000 | (貸) 仕掛品 | 700,000 |
| | (借) 売上原価 | 650,000 | (貸) 製品 | 650,000 |
| | (借) 売掛金 | 875,000 | (貸) 売上 | 875,000 |
| 2. | (借) 現金預金 | 750,000 | (貸) 売掛金 | 750,000 |
| | (借) 買掛金 | 462,500 | (貸) 現金預金 | 514,000 |
| | 販売費 | 51,500 | | |
| 3. | (借) 製造間接費 | 1,800 | (貸) 材料 | 1,800 |
| | (借) 売上原価 | 1,500 | (貸) 製品 | 1,500 |
| 4. | (借) 製造間接費 | 37,500 | (貸) 建物減価償却累計額 | 12,500 |
| | 減価償却費 | 5,000 | 機械装置減価償却累計額 | 30,000 |
| 5. | (借) 製造間接費 | 76,500 | (貸) 退職給付引当金 | 114,000 |
| | 退職給付費用 | 37,500 | | |
| | (借) 売上原価 | 4,800 | (貸) 製造間接費 | 4,800 |
| 6. | (借) 貸倒引当金繰入 | 14,400 | (貸) 貸倒引当金 | 14,400 |
| 7. | (借) 製品保証引当金繰入 | 12,000 | (貸) 製品保証引当金 | 12,000 |
| 8. | (借) 満期保有目的債券 | 25,200 | (貸) 有価証券利息 | 25,200 |
| | (借) 未収有価証券利息 | 2,100 | (貸) 有価証券利息 | 2,100 |

### 損益計算書

自×2年4月1日 至×3年3月31日 (単位：千円)

| | | | |
|---|---|---|---|
| Ⅰ 売上高 | | | (10,025,000) |
| Ⅱ 売上原価 | | | (7,091,700) |
| 売上総利益 | | | (2,933,300) |
| Ⅲ 販売費及び一般管理費 | | | |
| 1 販売費 | | (1,621,500) | |
| 2 減価償却費 | | (60,000) | |
| 3 貸倒引当金繰入 | | (14,400) | |
| 4 製品保証引当金繰入 | | (12,000) | |
| 5 退職給付費用 | | (450,000) | (2,157,900) |
| 営業利益 | | | (775,400) |
| Ⅳ 営業外収益 | | | |
| 1 有価証券利息 | | (33,600) | (33,600) |
| 当期純利益 | | | (809,000) |

### 貸借対照表に表示される項目

| | | |
|---|---|---|
| ① 現金預金 | 1,334,800 | 千円 |
| ② 仕掛品 | 200,000 | 千円 |
| ③ 未収収益 | 2,100 | 千円 |
| ④ 投資有価証券 | 2,030,700 | 千円 |

□ 1つにつき2点。**合計20点。**

## 応用問題 7

(p.26)

[資料2] ×2年3月中の取引および決算整理に関する事項

| No. | 借方科目 | 金額 | 貸方科目 | 金額 |
|---|---|---|---|---|
| 1. | (借) 材料 | 784,000 | (貸) 買掛金 | 784,000 |
| | (借) 仕掛品 | 712,800 | (貸) 材料 | 762,000 |
| | 製造間接費 | 49,200 | | |
| | (借) 材料 | 5,000 | (貸) 価格差異 | 5,000 |
| | (借) 製造間接費 | 5,800 | (貸) 材料 | 5,800 |
| 2. | (借) 未払賃金 (未払費用) | 454,400 | (貸) 現金預金 | 454,400 |
| | (借) 仕掛品 | 412,400 | (貸) 未払賃金 (未払費用) | 454,500 |
| | 製造間接費 | 42,100 | | |
| | (借) 賃率差異 | 2,900 | (貸) 未払賃金 (未払費用) | 2,900 |
| 3. | (借) 製造間接費 | 177,200 | (貸) 現金預金 | 177,200 |
| 4. | (借) 仕掛品 | 356,400 | (貸) 製造間接費 | 356,400 |
| 5. | (借) 製品 | 1,528,000 | (貸) 仕掛品 | 1,528,000 |
| | (借) 売上原価 | 1,580,400 | (貸) 製品 | 1,580,400 |
| | (借) 売上原価 | 2,800 | (貸) 製品 | 2,800 |
| 6. | (借) 売掛金 | 1,734,000 | (貸) 売上 | 1,734,000 |
| | (借) 現金預金 | 1,800,400 | (貸) 売掛金 | 1,800,400 |
| | (借) 買掛金 | 856,000 | (貸) 現金預金 | 856,000 |
| | (借) 販売費及び一般管理費 | 347,600 | (貸) 現金預金 | 347,600 |
| 7. | (借) 製造間接費 | 45,600 | (貸) 建物減価償却累計額 | 27,000 |
| | 減価償却費 | 10,800 | 機械装置減価償却累計額 | 29,400 |
| 8. | (借) 製造間接費 | 48,000 | (貸) 退職給付引当金 | 79,800 |
| | 退職給付費用 | 31,800 | | |
| 9. | (借) 価格差異 | 5,000 | (貸) 売上原価 | 5,000 |
| | (借) 売上原価 | 2,900 | (貸) 賃率差異 | 2,900 |
| | (借) 売上原価 | 11,500 | (貸) 製造間接費 | 11,500 |
| 10. | (借) 貸倒引当金繰入 | 3,200 | (貸) 貸倒引当金 | 3,200 |
| 11. | (借) 製品保証引当金繰入 | 69,000 | (貸) 製品保証引当金 | 69,000 |
| 12. | (借) 法人税, 住民税及び事業税 | 138,600 | (貸) 仮払法人税等 | 98,000 |
| | | | 未払法人税等 | 40,600 |

### 貸借対照表

×2年3月31日

(単位:円)

| 資産の部 | | 負債の部 | |
|---|---|---|---|
| I 流動資産 | | I 流動負債 | |
| 現金預金 | (1,897,240) | 買掛金 | (915,240) |
| 売掛金 | (1,410,000) | 製品保証引当金 | (171,000) |
| 製品 | (881,800) | 未払費用 | (50,000) |
| 仕掛品 | (347,600) | 未払法人税等 | (40,600) |
| 材料 | (735,200) | 流動負債合計 | (1,176,840) |
| 貸倒引当金 | (△ 28,200) | II 固定負債 | |
| 流動資産合計 | (5,243,640) | 退職給付引当金 | (1,313,800) |
| | | 固定負債合計 | (1,313,800) |
| II 固定資産 | | 負債合計 | (2,490,640) |
| 有形固定資産 | | | |
| 建物 | (9,720,000) | 純資産の部 | |
| 減価償却累計額 | (△ 648,000) | I 資本金 | (10,000,000) |
| 機械装置 | (1,764,000) | II 資本剰余金 | |
| 減価償却累計額 | (△ 705,600) | 資本準備金 | (1,300,000) |
| 有形固定資産合計 | (10,130,400) | 資本剰余金合計 | (1,300,000) |
| 固定資産合計 | (10,130,400) | III 利益剰余金 | |
| | | 利益準備金 | (240,000) |
| | | 繰越利益剰余金 | (1,343,400) |
| | | 利益剰余金合計 | (1,583,400) |
| | | 純資産合計 | (12,883,400) |
| 資産合計 | (15,374,040) | 負債及び純資産合計 | (15,374,040) |

| 損益計算書に表示する売上原価の金額 | 14,632,600 円 |
|---|---|

□ 1つにつき2点。**合計20点。**

## 応用問題 8 (p.28)

**[本店側の処理]**

(B)未処理事項等

| | | | | |
|---|---|---|---|---|
| (1) | (借) 現金預金 | 125,000 | (貸) 売掛金 | 125,000 |
| (2) | (借) 車両運搬具 | 2,400,000 | (貸) 未払金 | 2,400,000 |

(C)決算整理事項等

| | | | | |
|---|---|---|---|---|
| (1) | (借) 仕入 | 782,000 | (貸) 繰越商品 | 782,000 |
| | 繰越商品 | 800,000 | 仕入 | 800,000 |
| | 棚卸減耗損 | 16,000 | 繰越商品 | 16,000 |
| | 商品評価損 | 49,000 | 繰越商品 | 49,000 |
| (2) | (借) 貸倒引当金繰入 | 9,600 | (貸) 貸倒引当金 | 9,600 |
| (3) | (借) 減価償却費 | 135,000 | (貸) 備品減価償却累計額 | 105,000 |
| | | | 車両運搬具減価償却累計額 | 30,000 |
| (4) | (借) 満期保有目的債券 | 8,000 | (貸) 有価証券利息 | 8,000 |
| (5) | (借) 給料 | 64,000 | (貸) 未払給料 | 64,000 |
| | (借) 前払家賃 | 80,000 | (貸) 支払家賃 | 80,000 |
| (6) | (借) ソフトウェア償却 | 120,000 | (貸) ソフトウェア | 120,000 |
| (7) | (借) 支店 | 60,000 | (貸) 広告宣伝費 | 60,000 |
| (8) | (借) 支店 | 358,200 | (貸) 損益 | 358,200 |

収益・費用・当期純利益の振替（学習の便宜上(8)の仕訳を含む）

| | | | |
|---|---|---|---|
| (借) 売上 | 7,480,000 | (貸) 損益 | 8,061,200 |
| 受取手数料 | 52,000 | | |
| 有価証券利息 | 32,000 | | |
| 有価証券売却益 | 139,000 | | |
| 支店 | 358,200 | | |
| (借) 損益 | 6,768,600 | (貸) 仕入 | 4,162,000 |
| | | 棚卸減耗損 | 16,000 |
| | | 商品評価損 | 49,000 |
| | | 給料 | 1,438,000 |
| | | 支払家賃 | 600,000 |
| | | 広告宣伝費 | 239,000 |
| | | 貸倒引当金繰入 | 9,600 |
| | | 減価償却費 | 135,000 |
| | | ソフトウェア償却 | 120,000 |
| (借) 損益 | 1,292,600 | (貸) 繰越利益剰余金 | 1,292,600 |

**[支店側の処理]**

(C)決算整理事項等

| | | | | |
|---|---|---|---|---|
| (1) | (借) 仕入 | 415,000 | (貸) 繰越商品 | 415,000 |
| | 繰越商品 | 400,000 | 仕入 | 400,000 |
| | 棚卸減耗損 | 7,500 | 繰越商品 | 7,500 |
| (2) | (借) 貸倒引当金繰入 | 2,300 | (貸) 貸倒引当金 | 2,300 |
| (3) | (借) 減価償却費 | 45,000 | (貸) 備品減価償却累計額 | 45,000 |
| (5) | (借) 給料 | 60,000 | (貸) 未払給料 | 60,000 |
| | (借) 支払家賃 | 120,000 | (貸) 未払家賃 | 120,000 |
| (7) | (借) 広告宣伝費 | 60,000 | (貸) 本店 | 60,000 |
| (8) | (借) 売上 | 3,410,000 | (貸) 損益 | 3,410,000 |
| | (借) 損益 | 3,051,800 | (貸) 仕入 | 1,731,000 |
| | | | 棚卸減耗損 | 7,500 |
| | | | 給料 | 580,000 |
| | | | 支払家賃 | 600,000 |
| | | | 広告宣伝費 | 86,000 |
| | | | 貸倒引当金繰入 | 2,300 |
| | | | 減価償却費 | 45,000 |
| | (借) 損益 | 358,200 | (貸) 本店 | 358,200 |

損益

| 日 | 付 | 摘要 | 金額 | 日 | 付 | 摘要 | 金額 |
|---|---|---|---|---|---|---|---|
| 3 | 31 | 仕入 | 4,162,000 | 3 | 31 | 売上 | 7,480,000 |
| | 〃 | 棚卸減耗損 | 16,000 | | 〃 | 受取手数料 | 52,000 |
| | 〃 | 商品評価損 | 49,000 | | 〃 | 有価証券利息 | 32,000 |
| | 〃 | 給料 | 1,438,000 | | 〃 | 有価証券売却益 | 139,000 |
| | 〃 | 支払家賃 | 600,000 | | 〃 | 支店 | 358,200 |
| | 〃 | 広告宣伝費 | 239,000 | | | | |
| | 〃 | 貸倒引当金繰入 | 9,600 | | | | |
| | 〃 | 減価償却費 | 135,000 | | | | |
| | 〃 | (ソフトウェア)償却 | 120,000 | | | | |
| | 〃 | (繰越利益剰余金) | 1,292,600 | | | | |
| | | | 8,061,200 | | | | 8,061,200 |

□ 1つにつき2点。合計20点。

## 応用問題 9

(p.30)

**[資料Ⅲ]** 未処理事項　(単位：千円)

| | 借方 | 金額 | | 貸方 | 金額 |
|---|---|---|---|---|---|
| 1. (借) | 売掛金 | *420* | (貸) | 役務収益 | *420* |
| (借) | 役務原価(報酬) | *294* | (貸) | 未払金 | *294* |
| 2. (借) | 契約資産 | *1,800* | (貸) | 役務収益 | *1,800* |
| (借) | 役務原価(報酬) | *1,260* | (貸) | 仕掛品 | *1,260* |
| 3. (借) | ソフトウェア | *54,000* | (貸) | ソフトウェア仮勘定 | *54,000* |
| (借) | ソフトウェア償却 | *7,700* | (貸) | ソフトウェア | *8,400* |
| | ソフトウェア除却損 | *700* | | | |

**[資料Ⅳ]** 決算整理事項

| | 借方 | 金額 | | 貸方 | 金額 |
|---|---|---|---|---|---|
| 1. (借) | 貸倒引当金繰入 | *6,640* | (貸) | 貸倒引当金 | *6,640* |
| 2. (借) | 減価償却費 | *11,000* | (貸) | 備品減価償却累計額 | *11,000* |
| 3. (借) | ソフトウェア償却 | *900* | (貸) | ソフトウェア | *900* |
| 4. (借) | 退職給付費用 | *7,000* | (貸) | 退職給付引当金 | *7,000* |
| 5. (借) | 保険料 | *960* | (貸) | 前払費用 | *960* |
| (借) | 前払費用 | *1,056* | (貸) | 保険料 | *1,056* |
| 6. (借) | 支払利息 | *1,800* | (貸) | 未払費用 | *1,800* |
| 7. (借) | 法人税, 住民税及び事業税 | *107,300* | (貸) | 仮払法人税等 | *51,000* |
| | | | | 未払法人税等 | *56,300* |

### 損益計算書

自×7年4月1日　至×8年3月31日　(単位：千円)

| | | |
|---|---|---|
| Ⅰ 役務収益 | | ( *2,980,420*) |
| Ⅱ 役務原価 | | |
| 報酬 | ( *2,168,794*) | |
| その他 | ( *33,600*) | ( *2,202,394*) |
| 売上総利益 | | ( *778,026*) |
| Ⅲ 販売費及び一般管理費 | | |
| 1 給料 | 240,000 | |
| 2 旅費交通費 | 20,000 | |
| 3 水道光熱費 | 3,374 | |
| 4 通信費 | 10,480 | |
| 5 支払家賃 | 144,000 | |
| 6 保険料 | ( *1,488*) | |
| 7 貸倒引当金繰入 | ( *6,640*) | |
| 8 減価償却費 | ( *11,000*) | |
| 9 (ソフトウェア)償却 | ( *8,600*) | |
| 10 退職給付費用 | ( *7,000*) | ( *452,582*) |
| (営業利益) | | ( *325,444*) |
| Ⅳ 営業外収益 | | |
| 1 (受取手数料) | ( *256*) | ( *256*) |
| Ⅴ 営業外費用 | | |
| 1 支払利息 | ( *2,400*) | ( *2,400*) |
| (経常利益) | | ( *323,300*) |
| Ⅵ 特別利益 | | |
| 1 (投資有価証券売却益) | ( *6,400*) | ( *6,400*) |
| Ⅶ 特別損失 | | |
| 1 ソフトウェア(除却損) | ( *700*) | ( *700*) |
| 税引前当期純利益 | | ( *329,000*) |
| 法人税, 住民税及び事業税 | | ( *107,300*) |
| (当期純利益) | | ( *221,700*) |

□ 1つにつき2点。**合計20点。**